戦国の陣形

乃至政彦

講談社現代新書

2351

はじめに

娯楽作品の合戦シーン

わたしは前近代の合戦が好きだ。

特に陣形と陣形がぶつかり合う会戦（大規模な遭遇戦）には強い魅力を感じている。だから戦国モノの歴史映画や大河ドラマ、歴史ゲームの会戦映像にはいつも釘付けになる。海外の歴史物やファンタジー作品も例外ではなく、『レッドクリフ』や『ロード・オブ・ザ・リング』の戦争シーンから目が離せない。だが妻がいうには、その顔はいつも暗いらしい。国内外の会戦映像を見ていると、いつも必ず雑念がわいてくる。特に気になるのは陣形と兵種の動きで、なぜもっと説得力ある映像にできないのかと残念な気持ちにさせられるのである。

たとえば黒澤明の『影武者』。クライマックスの長篠合戦は世界的に評価が高く、その映像は悲壮感いっぱいで美しい。しかし今見直してみると、いささか人工的すぎないだろうか。西部劇の騎兵隊よろしく一斉突撃するサラブレッドの勇姿は優美なものの、戦国時代の騎馬は去勢されていなかったので、あのように落ち着き払った突進はしなかっただろう。どちらかといえば野生の猛牛に跨《また》ったバーバリアンのように、もっと乱雑で荒々しい動きを見せていたのではないだろうか。

同作品では歩兵の行進シーンにも違和感を覚える。かれらは敵の鉄炮《てっぽう》隊めがけて前進するが、ほとんど自殺的に銃撃の的と化し、バタバタ斃《たお》されていく。さすがに世界のクロサワだけあって、感動的で説得力ある映像に仕上げられてはいる。だが、そこにある説得力は物語としての説得力であり、現実的な説得力では首を傾げさせられるのである。

前近代の戦闘は、飛び道具には飛び道具で応戦し、それで優劣が定まるかあるいは進退窮まって切り込むのがセオリーだった。それを無視する形で映画のような行進の命令がくだされれば、一般兵は不審に思い、指揮官の顔を見直したに違いない。しかしかれらはなんの躊躇もなく進み出て、当たり前のように雨あられと銃弾を浴び、悲鳴とともに身を捩《よじ》らせながら、悲惨に全滅させられるのである。

近年では大河ドラマ『葵　徳川三代』の関ヶ原合戦シーンも評価が高い。だが、こちらも釈然としない。緒戦で演じられる宇喜多秀家隊と福島正則隊の激突シーンで、旗指物《はたさしもの》を着装した足軽（戦国時代の旗指物は侍が着装する物だったはず）が、横一列に鑓《やり》を並べて突進し、決死の殺し合いを展開する。役者の熱演も相まって凄まじい迫力である。しかし、どうにも入り込めない。ただの足軽が揃いも揃って手抜きなしに相手と争えるか疑問に思ってしまうのである。無名の者が無名の者を討ち取る意味など何もないだろう。

その他の映像作品でも、前線に進み出た騎馬武者（特に大将格）が、敵の足軽たちを馬上から攻撃する情景をよく見るが、騎馬武者が足軽との戦闘に熱中する理由がわからない。騎馬武者は名のある相手を探して討ち取るのが仕事で、そのために重武装で騎乗しているはずである。無名の足軽にかまけている場合ではない。足軽の中にそれなりの使い手がいて返り討ちにされる危険もあっただろう。敵の一般兵は味方の一般兵に足止めさせていればいいのである。足軽・雑兵はこうした役割を担うためにいるのではないのか。

そしてそうした動きを有機的に運用するのが陣形ではなかったか。

わたしはゲームにあらわれる陣形のシステムにも入り込めない。『信長の野望』などのシミュレーションゲームで遊んでいると、「魚鱗陣は鶴翼陣に強く、鶴翼陣は横隊陣に強い。横隊陣は方陣に強く、方陣は雁行陣に強い。雁行陣は逆行陣に強く、逆行陣は魚鱗陣に強い」といった相性ルールをよく見かける。しかしそのような通りのいい法則が現実にあったとは考えにくい。文献や伝承にある陣形を都合よく解釈して、ゲームバランスにテコ入れするのはいいが、説得力を与えるはずのシステムがかえって説得力を奪っているようで、なかなか好きになれない。

会戦を扱った作品に浸ろうとすると、右のような疑問がとめどなく溢れ、落ち着いて鑑賞していられなくなってしまう。触れれば触れるほど納得できない引っかかりにぶつかり、海水を飲むような渇きを覚えさせられるのである。

説得力に乏しい時代考証

どうして説得力に乏しい会戦シーンがまかり通ってしまうのだろうか。

理由は現在の研究状況にある。歴史の愛好家たちは、戦国時代に長柄《ながえ》鑓《やり》や弓、鉄炮の兵種があったことを知っているが、兵種の性格や意義まで考えたことはあまりない。なぜ深く掘り下げようとしないのか。答えはきわめてシンプルである。そこに研究の蓄積がないからである。「兵種とは何か」という素朴な問いかけ自体、中世軍事史ではほとんどなされてなく、兵種を考えるうえで必要不可欠であるはずの陣立・陣形についても基本的考察がない。兵が集団として編成される歴史的過程も明らかにされていない。

右の背景には中世軍事史への関心の薄さがある。戦後の日本では軍事史の研究自体が避けられてきた。戦後発足した自衛隊も歩兵を「普通科」に、砲兵を「特科」と言い換えており、過去の軍事研究との断絶があるようだ。

特に歴史学は軍事に対する関心が乏しく、おかげで中世軍事史の学術的研究は厚みを得られていない。クリエイターたちが参考とすべき研究の蓄積がない以上、優れた会戦の映像も期待できるはずがない。

もちろん軍事に詳しい時代考証の専門家が登用されればその限りではないが、大河ドラマのように予算のあるところ以外では難しいだろう。

そこでわたしは、自らの手で陣形の変遷史をたどってみることにした。

歴史が誤解される仕組み

また、本書では歴史研究の意義を再確認することも目的としている。

娯楽作品や創作物にいちいちツッコミを入れるのは野暮な振る舞いだが、知っている側が黙ったままでいると、作り話が事実を乗り越えてしまうことがある。

イメージ先行の歴史像が横行するのである。過去の作り話から歴史知識を身につけた人々が、歴史研究の成果ではなく作り話のイメージを史実として受容し、正確でない知識を広めることは少なくない。研究されていない事物については、特にその浸透力の強い傾向が認められる。

たとえば戦国の梟雄《きょうゆう》として有名な斎藤道三は「美濃の蝮《まむし》」と呼ばれることが多いが、昭和より過去の文献に同称の使用例は見つけられていないという。また、昨今の創作物において、山本勘介、伊達政宗、柳生十兵衛の三人は眼帯イメージが定着しているが、中世や近世初期の肖像画で眼帯をつけている日本人の例は見出されておらず、かれらに関する史料からも眼帯を使った記録などは探しだされていない。眼帯をつける隻眼の武士像は昭和の映像作品から流布されたものだろう。虚像が実像を塗り替えた事例である。

研究なき領域は、作り物すなわち虚に取って代わられやすい。多くの場合はさしたる問題ではないが、そのプロセスと仕組みの一例を見てもらえれば、歴史研究の重要性も理解されるであろうし、物事の由緒や伝来に触れるとき、応用することもできるだろう。

本書ではこうした歴史が虚像に塗り替えられる問題を意識しながら、中世軍事史において会戦の根本をなした陣形の歴史を見直すことにしたい。

本書の構成

本書の構成を記しておこう。

序章はチュートリアルである。軽く、肩ならしの気持ちで読んで欲しい。

第一章は律令制時代の軍隊について述べている。意外に思われるかもしれないが、古代の軍制は戦国時代よりもシステマチックだった。

第二章は登場したばかりの武士勢力がどのように陣形を理解していたかを述べている。

第三章は足利時代の合戦と陣形について具体的に説明する。

第四章ではいよいよ戦国時代の陣形が登場する。上杉謙信と武田信玄の戦いを観察することで、従来の戦国軍事論からは見えなかった、意外な真実を浮き彫りにする。

第五章ではそれまでの知識を応用して通説を一気に見直していく。これを読んでしまうともう旧説で合戦を語れなくなるかもしれない。

第六章では真田幸村（信繁）と伊達政宗にお出まし願い、かれらの戦いが徳川時代の軍制に与えた影響を読み解いていく。

終章では軍学者の考えた陣形について隠された背景と、歴史が誤解された仕組みを明らかにする。

少なくない労力を要したが、前人未到の領域を切り拓く研究は楽しかった。読者諸兄姉から忌憚なきご教示とご批判をいただければ幸いである。

※　主要な参考文献については、本文中「著者名（敬称略）＋西暦」の形式で紹介した。それぞれ巻末に掲載する「おもな参考文献」にて確認していただきたい。批判的に見た論考もあるが、筆者は先学の多大なる労作に心から敬意を表するものである。

※　古地図などの配置図引用は、武将の名前を通称から実名に改め、一部地名を省略するなどして、読みやすさとわかりやすさを優先した。史料の引用もできるだけ意訳に努めた。より深い考察を望まれる場合、それぞれ原典にあたっていただきたい。

序　章　鶴翼の陣に対する疑問から

会戦と陣形

野戦の陣形同士がぶつかる会戦は戦国時代の花形だった。

陣形は戦争以外でも多用されている。たとえばラグビーやサッカーなどのスポーツに使われるフォーメーション（「配置隊形」と訳されることが多い）である。これらでは人やチームの特性を考慮し、それをどう活用するかで配置が定められる。計画的な隊列を組ませることで、集団に規律と秩序と指針をもたらす。

では戦国大名の軍隊はどのような陣形をいかなる思惑で運用したのだろうか。

陣形は動く城であった――と考えるとわかりやすい。

本丸としての本陣があり、二の丸、三の丸などに相当するだろう複数の部隊（備《そなえ》）が周囲を固め、城壁や城門の役割までも果たした。

これらは本丸を守るばかりでなく、敵の脅威を消し去るため、戦闘状況に即して機動する。本物の城は動けないが、動く城であるところの陣形は移動できる。敵の三の丸（三の備）が味方の城門（一の備）と戦っている間に、味方の二の丸（二の備）が側面から攻めかかる戦術も可能だ。

陣形も城と同じくそれぞれに独特の形状と運用があったと考えるのが自然だろう。だがこうした問いかけはこれまでどこからもなされてこなかった。

川中島《かわなかじま》、姉川、長篠、関ヶ原など有名な会戦はいくつもあり、それぞれ個別の研究は数多くなされている。定説を二転三転させるような議論が進んでいる。

史料そのままではない陣形と戦況の図

陣形——まずはわれわれがよく想起するその通念を一から見直してみよう。

近年、歴史物の著作物でよく見られるような、陣形の図説や軍勢の配置図というものは、実はすべて後世の想像図であり、中世当時の史料に存在しない。

われわれが古戦場や概説書で目にする合戦の図説は、いずれも文字史料に書かれる「□□（兵数）を率いる△△△（人名）が○○○（地名）に布陣した」などの文章、および合戦図屏風や配陣図などの絵画史料を基に再現されたものである。

情報源とされる軍記史料や絵画史料は、いつも型どおりに兵数・人名・地名を明記しているわけではない。しかもこれらは後の時代になって、曖昧な伝承や推測に基づいて書かれたもので、信頼度は決して高くない。同時代の史料であっても、公的な記録として後世に伝え残すつもりで書かれていないので、合戦の実像を探ることは難しい。

一般に浸透する図説の陣形は、どれも不確かな情報と想像に基づき再現された仮説にす

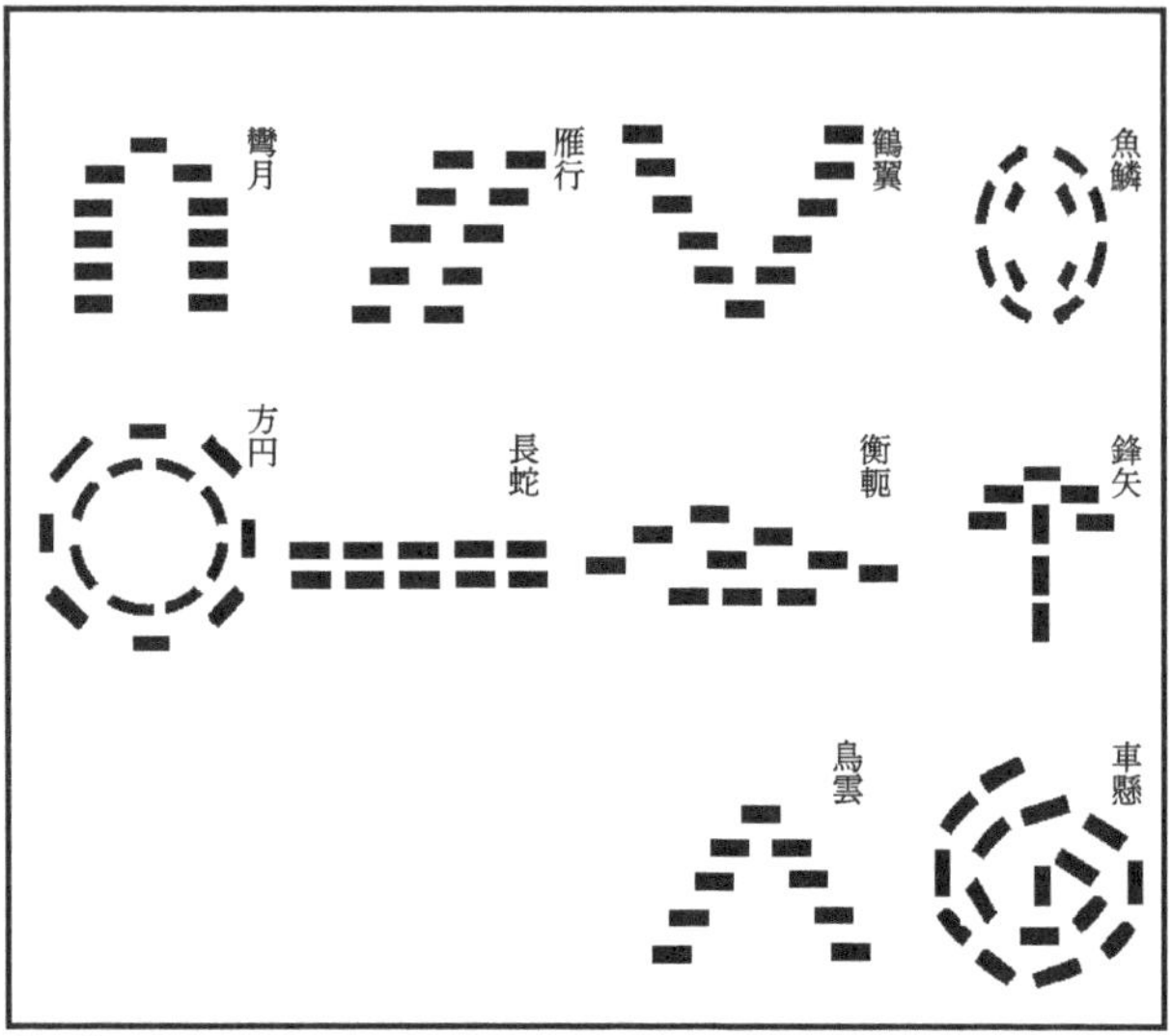

(図1) 陣立の図
小和田哲男「陣立」(『国史大辞典七』吉川弘文館・1986)より

ぎないのである。

実際、われわれの視界に入ってくる陣形の通念と実像にどれだけの差異があるか、その一例を見ていただこう。

通説とされる「陣立の図」への疑問

陣形といえばまず次の軍勢配置のイメージが想起されるだろう。

まずは深く考えずに「陣立《じんだて》の図」**(図1)**を見てもらいたい。

上は小和田《おわだ》哲男《てつお》氏が『国史大辞典七』(吉川弘文館・一九八六)の「陣立」の項に記した「陣立の図」で、ドラマやゲームでもおなじみの陣形となっている。小和田氏は後年にも

「八陣《はちじん》の基本形」を図示しているが（小和田一九九〇・四七頁、二〇〇八・二一五頁など）、いずれも出典を明記しておられない。

現状これらの陣形が通説と化している。なかでも「車懸《くるまがかり》」と「鳥雲《ちょううん》」を除く八種類は、『甲陽軍鑑《こうようぐんかん》』において同名の陣形が紹介され、武田信玄が工夫したとされる八陣（魚《ぎょ》鱗《りん》・鶴翼《かくよく》・長蛇《ちょうだ》・偃月《えんげつ》〈彎月《わんげつ》〉・鋒矢《ほうし》・方向《ほうよう》〈方円〉・衡軛《こうやく》・井雁行《せいがんこう》〈雁行〉）は戦国時代によく使われていたものとしてイメージされている。

（図2）荻生徂徠『鈐録』巻之九「陣法下」

八陣のうち六つはこれに相当する陣形が、荻生徂徠《おぎゅうそらい》（一六六六〜一七二八）の『鈐録《けんろく》』巻之九「陣法《じんぽう》下」に記されている（**図2**）。

これらのうち①③④は小和田氏にも紹介されており、代表的な陣形として有名だといっていいだろう。②は方円、⑤は彎月、⑥は衡軛に相当するだろう。どれも有名なのでさらりと絵に描ける人も多いにちがいない。

さて、ここで出題したい。「鶴翼の陣」の概念図を、さっきの図を見ないで、今すぐ手のひらに試しに描いてみてください。

描き終えただろうか。ならばここで推測させて欲しい。あなたはV字型の陣形を描いたのではないだろうか。

よく知られる「鶴翼の陣」のイメージ

だとしたらあなたは陣形に詳しいといえる。先に示した小和田氏の「陣立の図」がその通りで、多くの作品（映画、ドラマ、漫画、小説、ゲーム、図説書、概説書など）がこれと同型のものを採用している。V字型こそ通説だといっていいからである。

戦国関連の書籍やサイトのほとんどが、「鶴翼の陣」とは、大軍でもって鶴が翼を広げるようにして、包囲した敵を討ち取る陣形であると紹介している。

有名な実例としては、永禄《えいろく》四年（一五六一）の川中島合戦における武田信玄（一五二一～一五七三）、元亀《げんき》三年（一五七二）の三方ヶ原《みかたがはら》合戦における徳川家康（一五四二～一六一六）、慶長《けいちょう》五年（一六〇〇）の関ヶ原合戦における西軍が、鶴翼の陣で備えたと伝えられている。

それぞれ「三方ヶ原合戦で、徳川家康は鶴翼の陣を使った。包囲陣であるから、相手より兵が多くなくては有効ではない。だが家康は相手より兵が少なかった。劣勢を知りながら虚勢を張ったのだ……」、「関ヶ原の西軍は兵数優勢で、鶴翼の陣により勝利はほぼ間違いのないところであった。ところが想定外の裏切りが陣形の優位を覆した……」などの説明で印象されているだろう。

たとえば、明治三五年（一九〇二）初版の参謀本部編『日本戦史　三方原役《みかたがはらのえき》』第四章「会戦」（二〇〜二二頁）に徳川家康軍が「全軍を鶴翼［当時隊形《たいけい》の名、今の横隊《おうたい》］に備へ」、武田信玄軍が「魚鱗の隊形［今の縦隊《じゅうたい》］を取らしめ」たことが記されている。

これだけ有名な陣形だから、史料にも詳しい説明があると考える方も多いだろう。だが、どうだろうか。中世から近世までの軍事史料を見てみると、意外な事実にぶつかってしまう。具体的な形状を示す同時代史料（いわゆる一次史料）に、こうした陣形の存在を裏付ける証跡がないのである。

あらゆる文献を博捜したとされる『古事類苑《こじるいえん》』（兵事部《へいじぶ》）を見ても、『戦国遺文《せんごくいぶん》』に掲載される古文書をあたっても、鶴翼や魚鱗といった陣形のたしかな内容は探しだせない。それらしいものが登場するのは、戦国が終焉して何十年も経過した徳川時代になってからで、しかも軍学者たちは流派によってまったく異なる説明をしている。たとえば「八陣」を八種類の陣形として理解する流派もあれば、本陣周囲に八つの部隊を備える正方形の配置と考える流派もある。

試しに承応《しょうおう》二年（一六五三）版で確認される小笠原昨雲《おがさわらさくうん》（生没年未詳）『侍用集《じようしゅう》』巻二に書かれた「鶴翼の備《そなえ》（陣）」（**図3**）を見てもらおう。

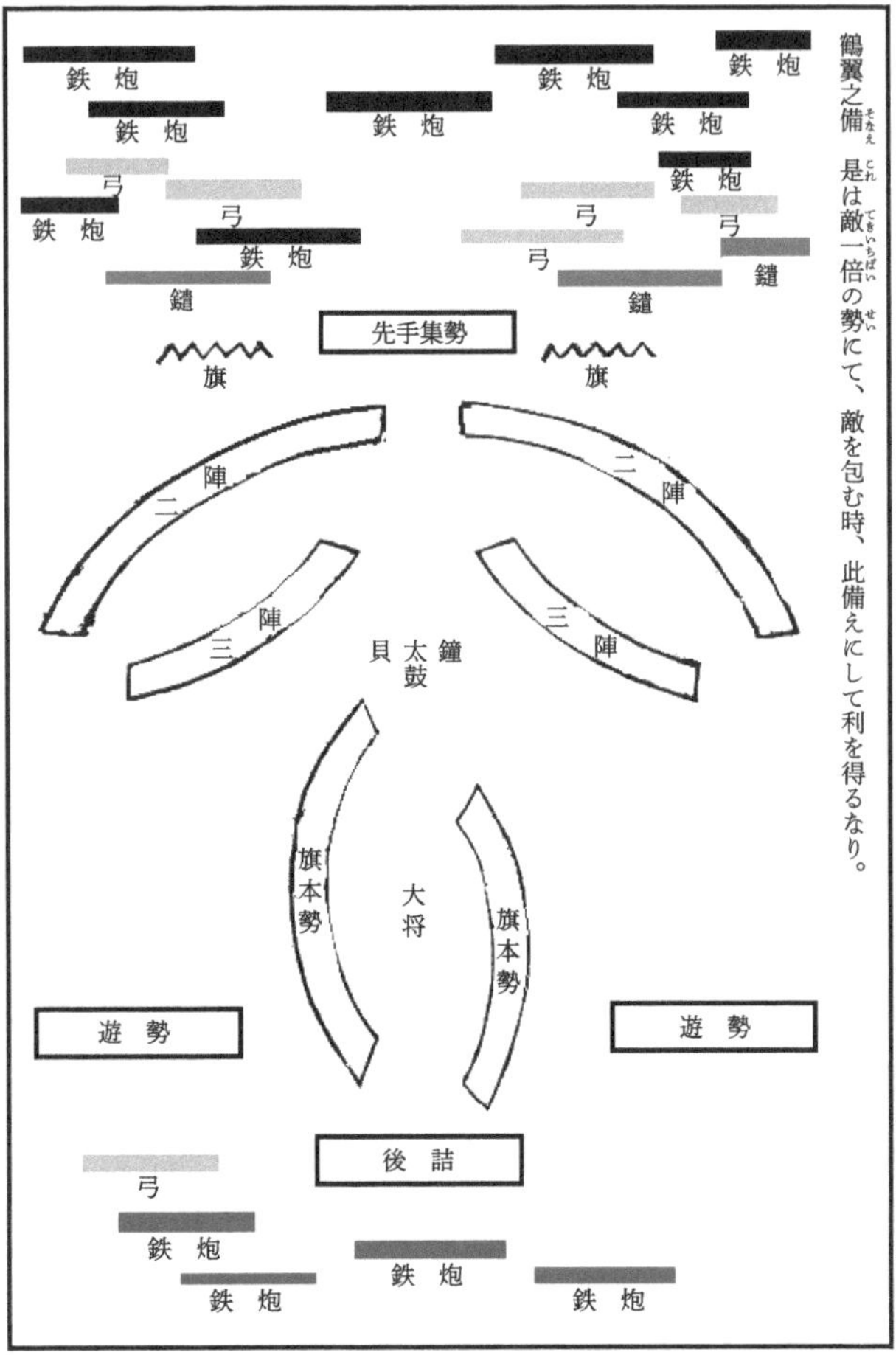

鶴翼之備《そなえ》 是《これ》は敵一倍《てきいちばい》の勢《せい》にて、敵を包む時、此備えにして利を得るなり。
鉄　炮
鉄　炮
弓
弓
鉄　炮
鉄　炮
鑓
鉄　炮
鉄　炮
鉄　炮
鉄　炮
鉄　炮
弓
弓
弓
鑓
鑓
先手集勢
旗
旗
二　陣
二　陣
三　陣
三　陣
貝　太鼓　鐘
旗本勢
大将
旗本勢
遊　勢
遊　勢
後　詰
弓
鉄　炮
鉄　炮
鉄　炮
鉄　炮

(図3)「鶴翼の備（陣）」

図の補足文には「これは、敵より兵数が多いとき、包囲して討ち取る陣形として有効である」という意味のことが書かれており、現在の通説とほぼ変わりないものに読める。

だが、図そのものはどう見てもV字型の形状からかけ離れている。無理にいえば、前衛の「鉄炮《てっぽう》」「弓《ゆみ》」「鑓《やり》」の配置を微妙ながらもV字型と強弁《きょうべん》できなくもない。ところが二陣以後の配列は明らかに逆の形である。全体に縦長であり『日本戦史』がいう「鶴翼」＝「横隊」の等式とも一致しない。

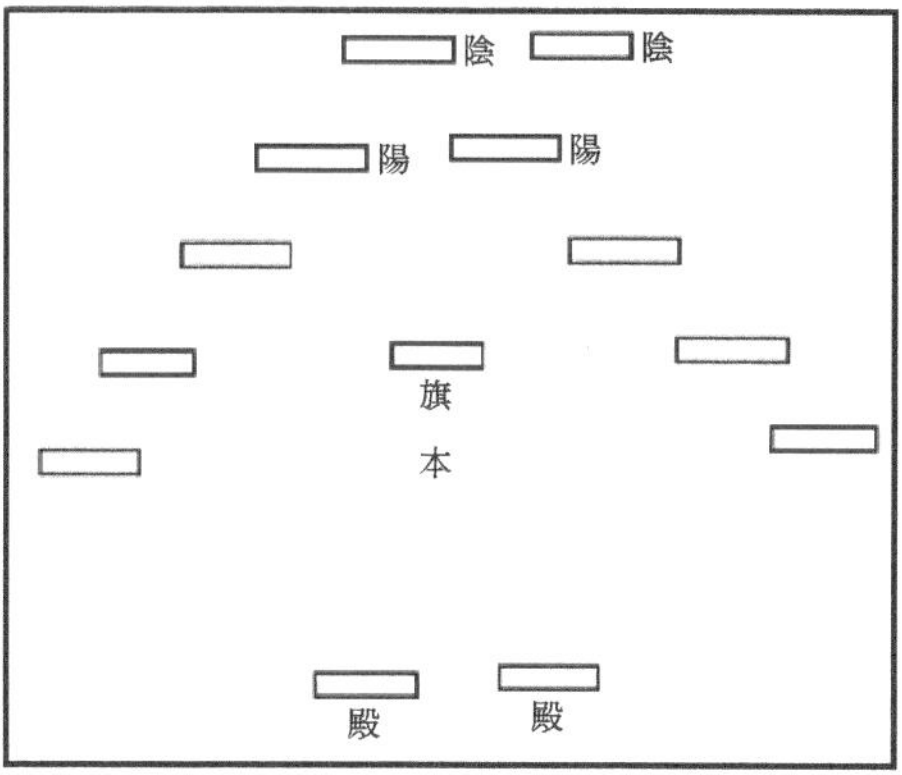

（図4）鶴翼の備
山鹿素行『武教全書』「八陣応変の事」より

　次に山鹿《やまが》素《そ》行《こう》（一六二二～一六八五）の『武教全《ぶきょうぜん》書《しょ》』「八陣応変《はちじんおうへん》の事」（『山鹿《やまが》素《そ》行《こう》兵学全集《へいがくぜんしゅう》』第四・六一一頁）による「鶴翼の備」（**図4**）の図を見てもらおう。

　こちらは小笠原昨雲の説明よりおおざっぱであり、さらに配置も異なっている。

　素行は、鶴翼の備を「裏を討つ」陣形とし、「前後相《あい》そなへ左右能《よ》く守りて鶴翼のごとくなり」と説明している。形状にいたっては、通常よく知られるV字型と真逆の形状になっている。

よく考えてみるべきだろう。鶴が翼を大きく広げるとどうなるだろうか？　その動きは「V」だけでなく、「W」字型になることもある。飛翔するときはこの通り「八」字型にもなるはずだ。「鶴翼」とひと言でいっても、鶴の翼自体が動的で一定に収まらない。いっぽう、戦国大名武田氏の軍記である『甲陽軍鑑』も、鶴翼の陣を「ハの」字型だと記している（左頁）。山鹿素行は『甲陽軍鑑』の編纂にあたったとされる小幡景憲《おばたかげのり》（一五七二〜一六六三）の弟子であった。山鹿流は『甲陽軍鑑』から派生した軍学である。

素行の説明によると、鶴翼の陣は敵よりも大軍であることが前提となっていて、広地で野戦をするとき、左右の脇備えを鶴が翼を開くように動かしてこの構えになるという。そして実戦では、まず前方の四部隊（「陰《いん》」「陽《よう》」部分）だけで戦闘を開始し、次に隙を見て左右の六部隊が敵勢を包み込むべく展開する。

このとき現在でいう翼包囲《よくほうい》（envelopment）の陣形になり、一時的にV字型の形状を経過することになるが、はじめ八字型の構えを定型としているのは、左右を守る守備型として動くと同時に、初期段階で敵に真意を悟らせないためであるようだ。根底にあるのは、剣道の「脇構え」（刀身の長短を測られないよう剣先をそらす構え）と同じ思想だろう。

なるほどこれなら『甲陽軍鑑』の「ハの」（「ハ」が前衛で、「の」が後衛だろう）の形状に通

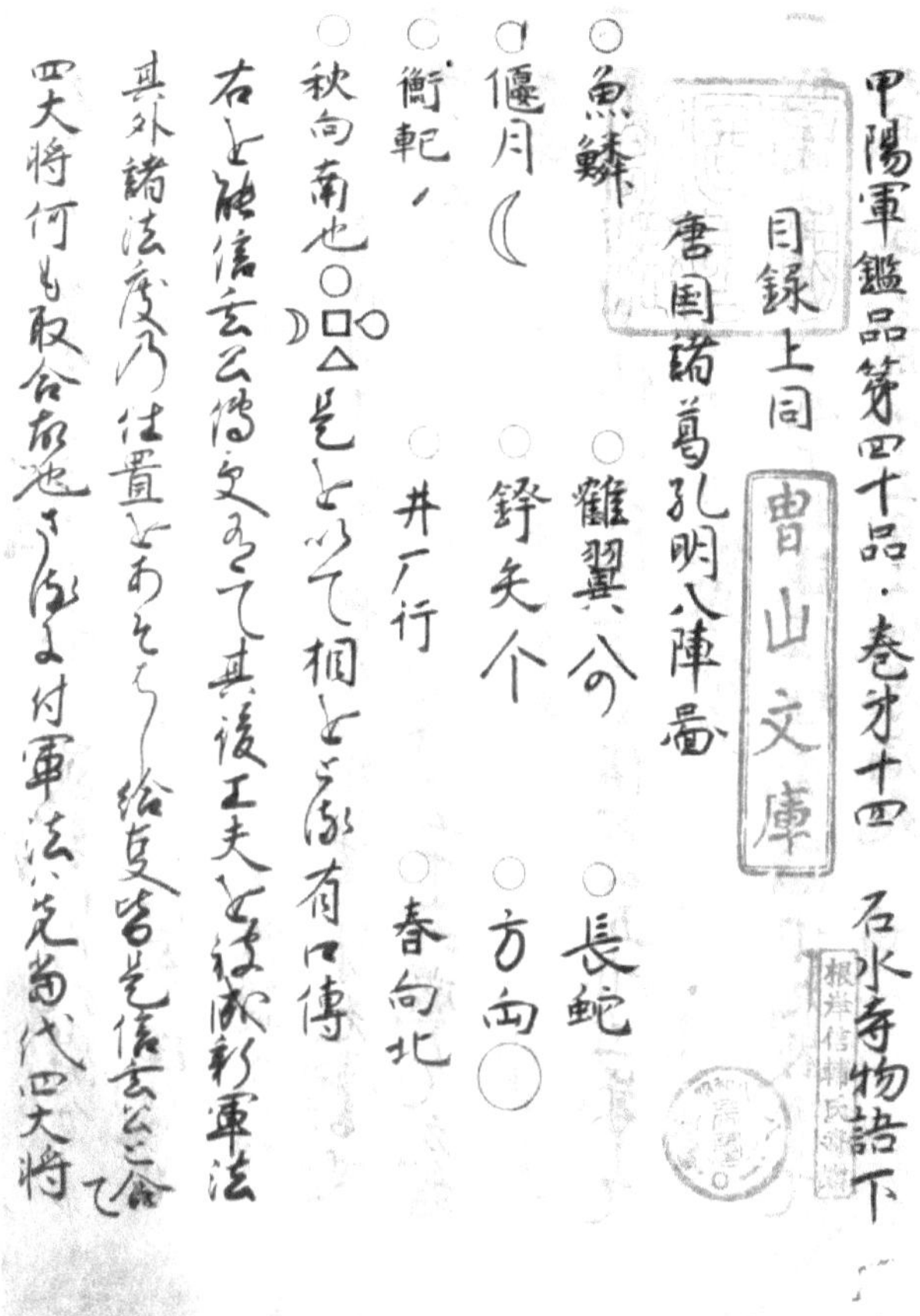
甲陽軍鑑品第四十品・巻第十四　石水寺物語下
目録上同
唐国諸葛孔明八陣圖
○魚鱗　○鶴翼　○長蛇
○偃月　○鋒矢　○方円
曽山文庫

国立国会図書館蔵

じており、鶴翼と呼ばれる所以《ゆえん》も理にかなう。素行は武田信玄の軍法を理論的に読み解いた結果、右のごとき理解を見出したのだろう。

信玄が現役だった戦国時代に「鶴翼」と呼ばれる陣形があったとすれば、V字型ではなく八字型に近い形状で、戦闘によって包囲を展開する陣形だったと考えられる。

（図5）『兵法雌鑑』（北条流兵法）人事第廿一「八の備の事」における「鶴翼」の備

なぜ思い込みが生まれたのか

小笠原流、山鹿流の鶴翼を見たところで、もうひとつ北条流の兵法書『兵法雌鑑《へいほうしがん》』（寛永一二年・一六三五）に記される鶴翼の備（図5）も見てみよう。

これも素行の記す鶴翼に似ているが、こちらの方が『甲陽軍鑑』のいう「ハの」字型の鶴翼に近いだろう。著者の北条氏長《ほうじょううじなが》（一六〇九～一六七〇）は小幡景憲の弟子であり、山鹿素行の師でもあった。源流は同じ武田氏の甲州流《こうしゅうりゅう》兵法である。形状が似通っているのはそのためである。

思い返せば、より後年に書かれただろう『侍用集』もこれと類似している。どれも前衛が横並びで中核部分に旗本が固まり、その左右と後衛に細長の隊列を配置する形状で一致している。すると小笠原流の鶴翼は、『甲陽軍鑑』や『兵法雌鑑』を参考にしたと推量できる。

いずれにしても武田家に伝わる鶴翼の陣形はV字型ではなく、八字型あるいは「ハの」字型を基本としてきたことが見えてくるだろう。

では鶴翼の陣がV字型であるとの通念はどこから生じたのだろうか。

実のところ、これがよくわからない。

もし以下に誤りがあればご叱正をいただかねばならないが、明治・大正・昭和前期の文献で、鶴翼や鋒矢など日本の八陣をひとつずつ図説するものをわたしは見たことがない。

調べた限りでは、時代考証家である稲垣史生氏の『戦国武家事典』（青蛙房・一九六二）にある「諸葛孔明よりの八陣」に記された「鶴翼」がV字型になっていることまで確認できたが、どこからの引用であるかが明記されていない。稲垣氏の概説はしばしば「出典記載が不十分」（大石・時代考証学会二〇一〇）といわれていて、憾《うら》みの残るところだが、これ以上遡ることが難しい。

推量するに、「鶴が翼を広げるようにして構えてから敵を包み込んで叩く横長の陣形」

という概念だけが脈々と伝わり、後世、海外から伝わる「翼包囲」の陣形（V字型あるいはU字型である）と合わさってそのような錯覚が生じ、そうした類推からだれかによってわかりやすいイラストが描かれ、広く浸透してしまったのではないだろうか。その所産のひとつが最初に示した小和田氏の「陣立の図」であるのだろう。

以後、図説・映画・ゲームなどの映像作品が同型の図を使い、「鶴翼はV字型である」とのイメージが定着を見たのである。

陣形の基礎を見直す

そもそも陣形とは何だろうか。いつだれによってどのように形成されていったのだろうか。先学の研究成果に学んでみようと思ったとき、絶望的な気持ちに襲われた。陣形には基礎研究・総合研究が存在しないのである。

わが国の歴史学者は軍事史への関心が乏しく、中世の研究者も軍事史の面ではいささか盛り上がりを欠いている。近現代の軍事に詳しい学者たちですら、サムライのチャンバラを語るとき、ファンタジーを語るレベルをどこまで脱しているだろうか。いささか激しい表現となってしまったが、中世の軍事史を論じるにあたり、土台となる軍隊構成の研究が不可欠であることは言を俟《ま》たない。

だが今見てもらったように、だれもが知るはずの「鶴翼の陣」ですら、現状ではイメージの根拠が明確ではないのである。こんな初歩から誤解があるのだから、われわれは陣形のなんたるかをほとんど、いやまったく把握していないと言わざるを得ない。それゆえ、われわれは今までもっていた陣形に対するイメージを綺麗さっぱり捨て去って、根本から見直す必要があるだろう。

先述したように、川中島で車懸りと鶴翼の衝突があり、三方ヶ原も鶴翼と魚鱗の激突があったとされる。関ヶ原も鶴翼と魚鱗の対決だったという。もしこれらの鶴翼がドラマやゲームで描かれてきたようなV字型ではなく、『甲陽軍鑑』や『武教全書』に説明されるがごとき八字（「ハの」字）型の陣形だったとすれば、これまでの布陣図で見てきた通念から大きく離れなければならなくなる。

たとえば、「この戦争には戦車《せんしゃ》が参加した」と古代の史料にあったとしよう。もちろんそれは「チャリオット」（戦闘馬車）のことであって、「タンク」（装甲戦闘車輌）のことではない。ここでありえない仮定をするが、もし史料を読んだ現代の歴史家が「戦車か。それならば……」と陸上自衛隊の一〇式戦車《ひとまるしきせんしゃ》を再現図に表したらどうだろうか。鶴翼の陣形をV字型で想像してしまうのはこれと同じではなかろうか。

本書に触れた読者には、陣形の基本知識をアップデートしてもらい、巷間に知られる合戦像・布陣図も自身の脳裏にて再構築する知識を備えてもらいたいと思う。

本書では、中世の史料から軍勢の配置を見つめ直し、その流動的な変遷を具体的にたしかめる。そうすることで戦国時代を起点とする陣形の成立史を浮き彫りにする。

この試みが合戦のイメージをよりリアルに再構築する一助となれば幸いである。

第一章　武士以前の陣形

七世紀後半——律令制の開始とともにはじまった陣形の歴史

陣形とは、布陣の形状である。

陣とは陳の俗字であり「連ねる」に因むという（同字を使った「商品の『陳列』」などはそういう意味である）。

戦国時代にあったとされる陣形だが、いつどのようにして生みだされ、実用にいたったのかは明らかにされていない。通説のようなものはあるものの確証がない。諸説あるというより、たしかな検証がなされていないので仮説にとどまっているのである。

一般にいわれるのは次の説である。

醍醐天皇の時代（八九七〜九三〇）、大江維時《これとき》（八八八〜九六三）が唐に渡り、龍首将軍から三つの兵法書『六韜《りくとう》』『三略』『軍勝図四十二条』（諸葛亮の八陣）などを授けられ、朱雀天皇の時代に帰国した。だが維時はこれらの兵書を秘匿して伝えず、その代わり『訓閲集《きんえつしゅう》』一二〇巻をなし、世に残したとされている（『武芸小伝』『貞丈雑記《ていじょう》』など）。

そして後三年の役（一〇八三〜一〇八七）で奥州鎮圧の任にあたった源義家が、維時の子孫である匡房《まさふさ》からその『訓閲集』を介して秘伝を学んだと伝承され、その後『訓閲集』は小笠原氏に相伝されたという（赤羽根二〇〇八）。

ただ、維時が記した『訓閲集』の原書は失われたと伝わっており、本当に同題の原書があったかどうかはわからない。しかも後の世に継承者を自称する人々が後付けの新解釈を施し、同題を標榜する兵書を多数増産してしまったので、ますます実態が不明になってしまった。それぞれもっともらしい証言を添えている割には、相互に整合性がとれないからである。

文化五年（一八〇八）、当時流布されていた『訓閲集』の類本について、曲亭馬琴は「後ノ人の偽作なり」とばっさり切り捨てている（『俊寛僧都嶋物語《しゅんかんそうずしまものがたり》』）。実際問題として、維時が入唐《にっとう》した事実からして裏が取れておらず、戦国初期成立と思われる『大江氏系図』二本（『続群書類従七下』）に「入唐、明列竟頌勤学、『三略』骨法而後朝、応和三・六（月）七（日）薨、（享年）七十六」と記されているのが最古の史料とされ、それ以上の確証は見つかっていない（石岡一九六七・金子一九七三）。また、維時が著した文献のなかに軍隊の編成を体系的に説明している史料は見受けられない。したがって大江維時にまつわる陣形の伝説は、そのすべてが後付けの作り話である疑いがもたれるのである。

右の説をさけ、手堅い史料だけを虚心坦懐に見ていくと、日本で陣形の導入を認められるのは、意外にも維時のころから一五〇年余りさかのぼり、律令制時代からになる。

天武一二年（六八三）一一月、天皇は「諸国習陣法」の詔《みことのり》を発した（『日本書紀』巻二九)。「諸国に陣法を習わせよ」といわれたのである。諸国に習わせた「陣法」の実相は不明だが、持統七年(六九三)一二月には「陣法博士等」が「諸国」に「教習」のため遣わされている(同巻三〇)。それまで試みられたことのなかった事業が、わずか一〇年後には全国規模で施行されたのである。詔が発せられるまでに、強い覚悟と周到な準備が固められていたに違いない。

壬申《じんしん》の乱の勝利により即位した天武天皇は、それまでにない専制政治を志向した。そして天武一〇年(六八一)、律令を定めると国家体制の構造改革を開始した。その所産のひとつが「陣法」の整備であった。

このとき日本は初めて上意下達、トップダウン式の軍団制を構築しようとした。「陣法」とは兵を連ねて配置する「布陣」のことで、「陣形」の事始めだと言っていい。日本が初めて陣形の実用を試みたのは、七世紀後半からなのである。

陣形と同時に展開された数々の軍事の様式

律令制が導入され、陣法が諸国に教習されはじめると、それと共にさまざまな変革が試みられた。このとき、通説では戦国時代から始められたといわれている軍事運用のシステムの前身を見ることもできる。

たとえば兵農分離、兵種別編成（西股二〇一二）、隊伍と陣立、輪番射撃（久芳二〇一〇）——といった軍事に関わる制度が、実に八世紀あたりからすでに展開されていることが認められるのである。少なくとも当時のマニュアルにはそうした試みを散見することができる。

本章では武士が誕生するより前に日本で使われていた軍事の様式を見ていきながら、それが一度失われていく変遷を追ってみたい。

律令制時代の徴兵

律令制の軍団制とはどういうものか。まず軍団兵士制が全国的規模に展開されていた八世紀ごろの新兵の心象を想像することから始めてみよう。

あるとき、集落の長老が「立派な兵になってこい」と若者に告げる。若者が「おれも男になれる」と息巻いたか、「面倒なことをやらされる」と嘆息したかはわからない。当時の日本は中央集権国家を目指していた。国家には国境があり、当時国境はしばしば緊張状態に陥っていた。「律令軍制の本質的な性格は、唐・新羅に対抗することができる軍事力である」（五十嵐二〇一三）とされるように当時の仮想敵国は、唐・新羅（中国・朝鮮）の両国だった。だがその軍事力は大陸ではなく、奥州の蝦夷《えみし》勢力との戦闘に展開された。

軍隊には上兵と下兵の階層がある。上兵は指揮官となる専門の戦闘員であった。いわば軍人であり、騎乗ができる身であったとも想像される。武士の前身だろう。下兵はこの若者のように庶民の出身である。当然それまでとはまったく違う生活が待っている。新たに仕込まれる技能は、集落では得られない経験となったにちがいない。

入隊すると顔もよく知らない、場合によっては使う言葉や着る物すら異なる未知の地方から来た若者たちと一塊《ひとかたまり》にさせられ、上官が発する「あの地点まで進め」「あそこに攻め入れ」などの大声に従わされる。それまで手にしたことのない官製の武器を持たされ、「敵を打て」と指導を受ける。それまで個人と個人の暴力しか見聞きしなかった新兵は、整列と号令から生じる無私の暴力――すなわち「軍事力」――を叩きこまれ、立派な兵士の一人となっていく。

大君《おおきみ》の命《みこと》畏《かしこ》み磯に触《ふ》り海原《うのはら》渡る父母を置きて――

当時の『万葉集』に散見する防人《さきもり》歌は悲壮である。大君の命を畏みて、私の情を捨てる哀しさが歌われているところは、紋切り型と評価することも、兵士の心情をよく伝えていると見ることもできる。

やがてかれらは国に帰る。そこで自らの体験を郷里の人々に語って聞かせただろう。このようにして集権国家における軍隊の通念が津々浦々へと染みわたった。

兵農分離は古代からなされていた

さて、戦国時代には兵農分離（農民を軍隊に加える旧体制からの脱却）の有無が論じられている。織田・豊臣は、兵農分離を遂げた常備軍によってほかの大名を凌駕していたとする主張とその反論である。近年では、織田・豊臣を含めて、戦国時代から徳川時代にかけて兵農分離なる体制を構築した大名は見られないとする指摘が有力である（黒田二〇一四）。考えてみればたしかにおかしいのである。農民を兵士として徴発したケースは切羽詰まった事態のときだけで、あとはせいぜい運搬や力仕事に動員するのみだった。農兵に依存する大名軍のイメージは空想の産物であり、基本は正規雇用の侍と非正規雇用の足軽・雑兵が常備されるだけで、農民は戦力外だったのである。ただ「兵士のなかには農民出身者もいた」にすぎない（なお、四国の長宗我部氏には「一領具足」なる制度があって、農民が普段から具足を農具の傍らに置き、有事にはそれを着用してすぐさま出陣に応じたといわれているが、出典とされる史料は後世の創作である可能性が指摘されている）。

律令制における日本を見ても兵農分離は当たり前にされていた。臨時に徴発される兵士は、農繁期・農閑期など関係なく集められ、専門の訓練を受けていた。一例として『続日本紀』慶雲元年（七〇四）六月丁巳条を見てみよう。

勅、諸国兵士、団別分為十番、毎番十日、教習武芸、必使斉整。令条以外、不得雑使。

《訳》

天皇が命ずる。諸国兵士は軍団別で十番（十隊）に分けることとする。毎番十日、武芸を教習し、必ず斉整《せいせい》に使い、令条以外の雑使を得ないこと。

一〇の番（部隊）があって、これらは一〇日間ずつ武芸（律令制時代の「武芸」とは戦闘練度のことである。野田一九八〇）の「教習」に専念させられ、公的な命令のない「雑使」（雑用）は免除された。律令制時代の日本は、農閑期・農繁期を気にかけることなく、海外の軍隊と戦える軍隊を育成していたのである。

実は戦国時代もこれと同じで、常設される正規兵（武士）がいて、かれらは足軽・雑兵を用いたが、普段から小作農に携わっている百姓を兵として徴発することはごく稀であった。このため、農閑期・農繁期で戦争の動員人数が異なるデータは特に見出されていない。同じように傭兵のみで戦力を補充した大名の実証も見えない。兵農分離の有無を論じる機運がどこから生まれたのか定かでないが、まともに立論すらされていない概念であることは問いなおしていいだろう。

「三段撃ち」は鉄炮以前からあった

次に九世紀前半成立の『令義解《りようのぎげ》』軍防令「軍団条」を見てみよう。ここには俗にいう信長の「三段撃ち」を想起させる輪番射撃の形跡が見える。

凡軍団、毎一隊、定強壮者二人、分宛弩手、均分入番。

《訳》

およそ軍団は一隊ごとに強壮《きようそう》の者を二人さだめ、弩手《どて》を分《わ》け宛《あ》て、均《ひと》しく分けて番に入れること。

弩とは「クロスボウ」（弓の一種）である。強力な貫通力を有するものの、腕力と技術が必要で、扱いには手間と時間がかかった。そこでふたりの力ある兵士に技術者を添えて、複数名で使うよう定めたのである。連射のための集団運用であるといえよう。

実のところこれと類似する戦闘様式は、中国の史料にも散見できる。一例をあげると、北宋の兵書『武経総要《ぶけいそうよう》』前集巻二「教弩法」に、弩を発射する一列目の「発弩人《はつどにん》」、次に弩を武装して控える二列目の「進弩人《しんどにん》」、弩の仕掛けを行って待機する三列目の「張弩人《ちょうどにん》」による三段階の連環射撃法（五十嵐二〇一三）が記されている。弩と鉄炮のちがいはあるが、運用方法は巷間の「三段撃ち」とほぼかわりないだろう。

交代制の射撃は戦国当時にもありふれており、上杉謙信の旗本衆も三段撃ちの倍にあたる六段撃ちを訓練していたようすが史料に認められる（『松隣夜話』）。

近年、平山優氏が「三段撃ち」を「信長の新発想でも、戦術革命でもない」（平山二〇一四）と断じたが、古代日本と中国の史料は、その確言を裏付けているだろう。飛び道具を連射するため、複数の人間が持ち回って動く戦闘様式は、古くから世界のどこにでも見られる普通の光景だったのである。

秩序ある戦闘隊形と隊伍

なお九世紀の『令義解』軍防令には「陣列之法」なるものが伝えられている。

陣列之法、一隊十楯。五楯列前、五楯列後。楯別配兵五人。即以前列廿五人為先鋒。後列廿五人為次鋒之類。

《訳》

陣列の法。一隊につき一〇楯とする。五楯は列前に、五楯は列後に置き、楯別で兵を五人配する。すなわち前列をもって二五人を先鋒となし、後列を二五人となし、これは次鋒に分類する。

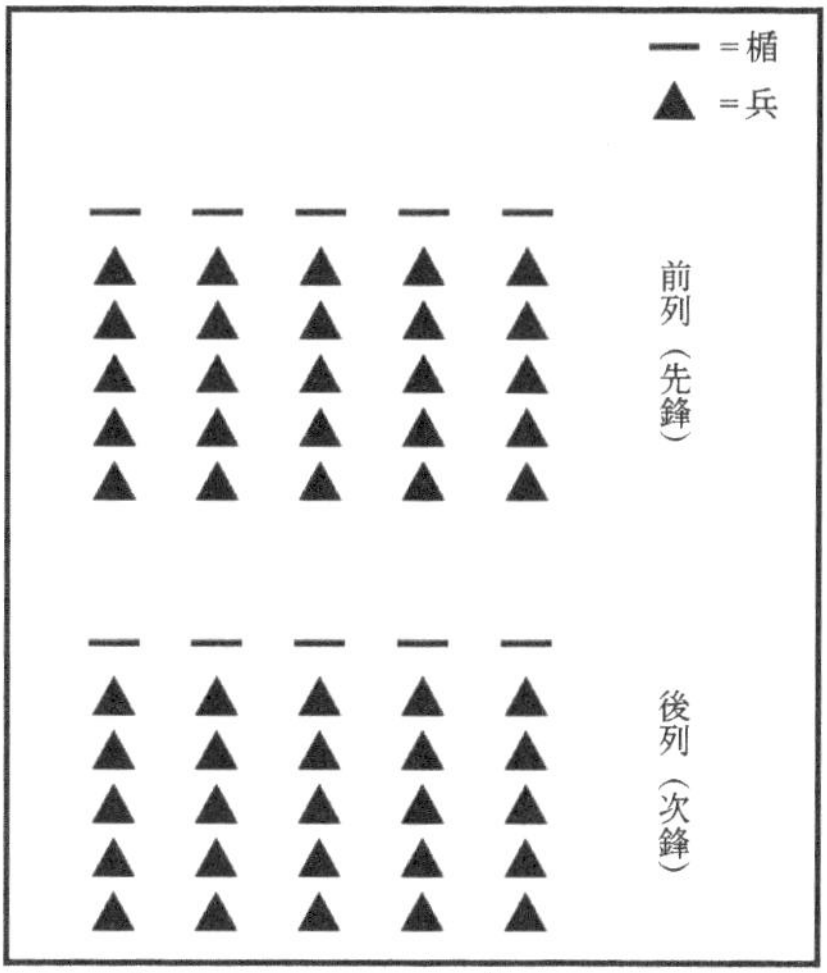

（図6）「陣列之法」における「一隊」の基本隊形

字義通り、陣を列にする法（マニュアル）である。

下向井氏は同法の復元案を著し、五十嵐基善氏が図示したものがあるので（「陣列之法」）、これを参考にしたのが**図6**である（下向井一九八七・五十嵐二〇一三）。

陣列之法を見ることによって、九世紀の日本の軍隊が基本隊形を一部隊五〇人の定数とし、前列二五人・後列二五人を配していたことがわかる。後列に交代要員が配置されていることは、ただ人数だけを集めて闇雲に突撃させる単純な軍勢ではなく、前進と待機を秩序だって行う軍隊を整えていたと考えていいだろう。

余談ながら近年の戦況図では部隊の形状を「凸」型で示すことが多いようだが、このように一部隊の編成が縦長を基本としていたなら、縦長の長方形で記すのが妥当かもしれない。

なお、同じく九世紀の史料『貞観儀式《じょうがんぎしき》』(八七二～八七七)を見ると、時報・起床・着装(完全武装)・集合(「集まれ」)・出陣・進撃・布陣(「留まれ」)・戦闘態勢・戦闘開始・戦闘停止・戦場退去・戦闘終結・帰陣・解軍の号令が詳細に記されている(下向井一九八七)。七～九世紀の日本では隊伍があり、規律ある国軍の育成を目指していたようすがうかがえるのである。

八世紀の兵種別編成

古代日本の軍事調練は意外なほど大規模であった。『続日本紀』巻九の神亀《じんき》元年(七二四)四月一四日条によると、「坂東九国軍三万人」に「騎射、試練軍陳(陣)」を教習させたことが記されている。九ヵ国の軍勢を一ヵ所に集めて、軍事訓練を行わせるだけの土壌が当時の日本に実在したのである。不思議なことだが戦国時代には、これほど大規模な軍事訓練がなされた形跡がない。おそらく係争地に配備された将兵をわざわざ一ヵ所に集めて同時に訓練する余裕がなかったのだろう。戦国時代の国境《くにざかい》はどこも緊迫していたのである。

東国ばかりでなく九州大宰府でも国境警備の「管内防人」たちが、「作城」（築城）に従事し、「武芸」に勤《いそ》しみ、「戦陣（陣）」を習っていたようすが『続日本紀』巻廿二の天平《てんぴょう》宝字《ほうじ》三年（七五九）三月二四日条に記されている。

このころの日本軍はどの程度の組織的編成をなしていただろうか。

これもかなりのところまで確認できる。天平宝字元年（七五七）の『養老令』軍防令の「隊伍条」に「兵士は五人組（隊伍）をなせ。弓馬の得意な者は騎兵隊にせよ。残りは歩兵隊をなせ。主帥以上は種別に統領し、兵種を雑《ま》ぜてはならない」とあり、騎兵と歩兵が明確にわかれた五人単位の兵種別編成があったことが記されている。

ここでもまた戦国時代辺りから生じたのではないかとされる軍事的様式の先例を見ることができる。「隊伍」と「兵種」はすでにこの時代からあったのであり、領主別編成といった克服すべき難題は当時まだ存在していなかったのである。

陣法のはじまり

なぜ当時の日本は陣法を全国に普及させようとしたのだろうか。

斉明《さいめい》六年（六六〇）、朝鮮半島で大きな事件が起こった。百済《くだら》国が強大な大唐帝国（新羅との連合軍）により滅ぼされたのである。日本は百済の復興運動に肩入れして、軍事支援を重ねた。

その結果――。

倭《わ》兵と白村《はくそん》の口に遇し、四たび戦い捷《か》つ。其の舟四百艘を焚く。煙焔《えんえん》天に漲《みなぎ》り、海水皆な赤し。賊衆大いに潰《つい》ゆ。

《訳》

（劉仁軌《りゅうじんき》は）倭の兵と白村江《はくそんこう》で遭遇戦を行い、四度戦捷《せんしょう》し、四〇〇艘の舟を焼いた。煙と焔が天を満たし、海水も真っ赤に染まって、賊衆は大いにほろびた。

（『旧唐書《くとうじょ》』劉仁軌伝）

三年後、「白村江の戦い」があり、「倭兵」は唐軍の総攻撃により、朝鮮半島から完全撤退させられた（森一九九八）。

勝利した唐が日本を「賊衆」として敵視することで、東アジアに軍事的緊張が高まった。それまで日本は中国から認められていた国号「倭国」を自らも称してきたが、以後

「日本」へと改め、大陸と比肩する政治体制と軍事力を育てようとした。そして天武元年(六七二)の「壬申の乱」を経て、中央集権化を急速に推し進めていく。

天武天皇は国内外に向けて強力な一帝国を築こうとしたが、「諸国」に陣法を習わせたのはその一環であるといっていい。滅亡した百済から亡命した貴族や知識人の受け入れも体制の改革をうながしただろう。なお、唐との軍事的緊張は、大宝元年(七〇一)の遣唐《けんとう》使《し》再開によって緩和されるまで続いた。

新生された日本はその後も軍事力を強化する。先述のごとく慶雲元年(七〇四)六月、朝廷は全国から徴発した「諸国兵士」を「十番」の部隊にまとめ、これらに「毎番十日」の「教習武芸」を施すよう定めた(『続日本紀』巻三)。

陣法により強化される軍事力

こうして押し広げられた陣法は、儀礼の場でも用いられた。和銅三年(七一〇)正月元日(『続日本紀』巻五)、朝賀において「隼人・蝦夷」の人々が参列したとき、四人の将軍はかれらを「分頭陣列騎兵」として、門外朱雀路の東西へと引率した。いわゆる軍事パレードである。朝廷は王化のすすむ遠国の出身者たちを儀礼の「陣法」に組み入れることで、直属化させたのである。こうして律令制時代の軍隊は規律と人数とを整えていく。

同様の光景は霊亀《れいき》元年（七一五）の元旦にも見える。「陸奥・出羽の蝦夷ならびに南嶋の奄美・夜久《やく》・度感《とかん》・信覚《しがく》・球美《くみ》等」の人々が朝貢《ちょうこう》に訪れた際、「鉦鼓《せいく》」（鉦《かね》と鼓）の音によって号令し、「陣列鼓吹《くすい》・騎兵」たちを朱雀門の左右に進ませている。

当時の朝廷は支配下においた辺境を一括支配するため、「移配政策」を進めていた。貢物をもって現れた化外《けがい》の民は朝廷の先兵として軍事的な行列の編成に加えられ、王化の民とされたのである。

海外から輸入された「八陣」

もっとも、こうした合理的編成をなすための陣法は日本のオリジナルではなく、外国から継受されたものだった。

律令制の開始とともに構築された日本の軍団制は、国土の中から自然発生したものではない。対外的な緊張によって必然化され、異国から導入されたものである。契機となったのは古代最後の対外戦争となった白村江の戦いだろう。唐・新羅の厳格に統制された最先端の軍隊は、発展途上の日本にとって見上げるばかりの存在だった。特に唐の軍事力は、制度も物量も東アジアで最強の位置にあった。あれこれ試行錯誤するより、とりあえず形だけでも真似ることからはじめたらしく、『続日本紀』天平宝字六年（七六二）正月条には、「其製一如、唐国新様」など、「唐のように兵の武装を五色にわけ、新しい様式にしよう」とする記録が見える。

日本は唐の軍制を徹底的に模倣しようとした。『養老令』軍防令の「軍団大毅条」に「軍団は大毅が一〇〇〇人を統率し、少毅がこれを補佐する。校尉は二〇〇人。旅帥一〇〇人。隊正五〇人」とあるが、唐の軍令にも「校尉が衛士二〇〇人の団を有し、隊正は五〇人の隊を有する」(『唐令拾遺』)制度があり、軍隊の基本編成が共通している。律令制時代の軍隊は唐の軍隊をモデルとしながら進化していったのである。

海外から軍制を継受した証跡は、ほかにもある。『続日本紀』天平宝字四年(七六〇)一一月一〇日条によると、朝廷は大宰府に授刀舎人《たちはきのとねり》春日部三《かすかべのみ》閞《せき》、中衛舎人《ちゆうえのとねり》土師宿禰《はじのすくね》閞成《せきなり》ら六人の軍官を派遣し、吉備真備《きびのまきび》(六九五~七七五)から「諸葛亮八陳(陣)、孫子九地および結営向背」を学ばせたことが記されている。吉備真備は「諸葛亮八陣」と「孫子九地」を人に伝授するほど精通していた。諸葛亮(一八一~二三四)も孫子(紀元前五三五?~?)も中国の歴史人物である。

若かりしころの吉備真備は遣唐留学生として一七年間、唐で学問を学び、天平七年(七三五)までに『孫子』を持ち帰っている。海外から軍事の様式を輸入したのである。

もっとも日本に『孫子』が持ち込まれたのはこれが初めてではない。朝廷の文官たちは以前から『孫子』に注目していた。

養老四年(七二〇)成立の『日本書紀』巻三「神武天皇即位前紀戊午年(前六六三)十一月癸亥」および巻二四「皇極天皇四年(六四五)六月戊申」条に、『孫子』の一文「その不意に出づ」が流用されており、古くから朝廷の文官に読まれていたことがたしかめられるのである(張捷二〇一二)。

だがそれだけでは不十分であると感じたのだろう。唐に吉備真備を遣わし、最先端の軍事様式をしっかり学ばせたのである。まるで外遊して先進国のシステムを学んだ明治政府のようである。

なお『孫子』の「九地」について補足すると、交戦環境の判断基準を示したもので、これらは散地・軽地・重地・争地・交地・衢地《くち》・圮地《ひち》・囲地・死地の九つからなっている。ひとつずつ説明すれば、「散地」は、国内での戦いでは味方の逃亡が多いとする。「軽地」は敵地に侵入したばかりのとき、踏みとどまらずに進軍すべきだと説く。「重地」は敵地に深く侵入したとき、ただ一気に攻めることが重要であると説く。「争地」は係争地で、奪えば奪い返されるので、進んで攻めてはならないと説く。「交地」は敵味方の往来が容易な地点で、分断されないよう配慮すべきだと説く。「衢地」は要衝の地で、周辺勢力との関係が重要だと説く。「圮地」は、山林や沼地など進退の難しい地では早く立ち去るべきだと説く。「囲地」は狭いところに入ると危険だと説く。「死地」は兵糧もなく、味方も少なく、短期決戦しかほかに取る手のない状況では覚悟を決めることを説く。

海外に学んだ吉備真備は、日本の軍官に軍事指導を行い、「八陣」と「九地」の用兵を伝えた。「八陣」について肝心の中身はわからないが、ここで取り入れられた陣形と隊伍の用兵概念は、その後もひろく浸透していったと想像される。

軍団制の終焉と健児制の登場

右のごとく律令制の日本は中央集権国家として、規律と統制を有する軍団制を着々と構築してきた。ところが――。

天武以来、日本は対外戦争とりわけ中国・朝鮮との関わりから生じる紛争から距離を置くことに成功していた。やがて一時的な平和は長期的な平和となっていき、人々の気持ちも変わっていく。

せっかく整備された防人体制だったが、大宰府が軍事的性格から離れ、行政機関としての性格を強めていった。それとともに軍役拒否の兵士が増加し、継続させることが困難になってしまった。こうして延暦一四年(七九五)、壱岐・対馬以外の防人は廃止された。

ついで朝廷を守護する在京の衛士《えじ》もまた次第に存在感を失っていった。大宝元年(七〇一）より存在の認められる衛士は、重要な任にあるはずだったが、律令制国家から「国家共同体の武力的基盤と見る理念が欠如し、兵士・衛士の生命と生活を保障するのでなく、消耗資材」として、「能力が消耗するまで酷使」されるようになっていた。「雑徭《ぞうよう》之内、兵士充苦」、すなわち「公用に使われる仕事のなかでも、兵士は苦しみに充ちている」（『古記』）と伝わるその待遇は、当時の人々からも「逃失之徒」、逃げて当然の身と同情的に見られていたらしい（野田一九八〇）。このような体制を長期的に存続させるのは困難で、弘仁二年（八一一）、正式に廃止された。

軍団制は対外的緊張に対する兵士の士気に支えられるところが大だったのだろう。軍事的緊張が緩和されると、軍団制の陰に隠れていたさまざまな矛盾と不満が表出し、集権的な軍事力の維持が不可能となった。

いっぽうで蝦夷との戦闘では軍団制の軍隊が苦戦を繰り返していた。蝦夷は律令制のような国家体制がなく、動員力が乏しい代わりに、各地の集団が中小規模で戦っていて、その点で唐から密集隊形を輸入した律令制国家と異なり、集団戦を用いる土台もなかったことから、戦闘形態は散兵（少数が連携して戦闘する戦術。現在の軍隊の多くはこの形態を採っており、密集隊形による会戦はほとんど失われている）であったと考えられる。

五十嵐基善氏は「律令制下における軍事問題の特質について――古代東北の軍事行動を中

心として——」において、「律令制国家をアメリカ合衆国、蝦夷をインディアン」になぞらえている。この構図に倣えば、「散兵」対「密集隊形」の非対称戦闘が展開されたと想像されよう。隊列は面で圧倒する環境が必要だが、機動力で優る散兵はこれを逆手に取って地形を利用し、隊列の戦闘を阻害しながら小さな勝利を重ねられる。

こうした状況では常に大軍が優勢とは限らない。延暦八年（七八九）、軍団制の軍隊はアテルイが指揮する蝦夷の軍勢に大敗を喫した。有名な巣伏《すぶし》の戦いである。そのわずか三年後、延暦一一年（七九二）六月に軍団制は廃止されることとなる。

軍団制とはそもそも本来の仮想敵国である中国・朝鮮と戦うための軍制で、蝦夷勢に立ち向かうには不向きだと判断されたのである。その証跡として、『続日本紀』宝亀一一年（七八〇）三月条に「富裕な百姓で弓馬に巧みな者を兵士とし、弱兵は帰農させる」という政策が打ち出されている。「富百姓才堪弓馬者」は軍団廃止と同時に正式採用される「健《こん》児《でい》」兵士のことだろう。健児は「少数精鋭の騎馬兵」（寺内二〇〇八）であり、その後「兵《つわもの》」「武者」「侍」と呼ばれるサムライの前身でもあった。

こうして密集隊形はほとんど実用されることなく終焉を迎えた。それは同時にはじまったばかりの陣形が、未発のまま終わりを遂げたことを意味する。

日本の陣形史は古代において、存在するともしないともいえる不思議な変遷を見せた。

かくしてたしかな形状を伝えることがなかったため、後世の軍学者によって「わが軍学の由緒は」などと喧伝される材料とされることとなる。

そして日本は大規模な対外戦争もなく、九世紀から一二世紀までは公的な死刑制度すら捨てることとなる。人間を殺傷する技術と制度が国家から消失したのである。平安京や畿内では、死刑の停止は実に三五〇年も続き「世界史上稀なる奇事象」（今谷二〇一一）といわれるほどだったが、保元《ほうげん》の乱により復活した。

三五〇年も行われなかった「斬刑」の衝撃は大きかったらしい。『百錬抄』保元元年七月廿九日条に「源為義已下被行斬罪。嵯峨天皇以降所不行之刑也」とあることからも、「斬罪は嵯峨天皇以降行われなかった刑だ」との認識は当時共有されていたようである（多ケ谷二〇一二）。時代の変化は目に見えてあらわれた。

死刑の復活は「武者ノ世」（『愚管抄《ぐかんしょう》』）の始まりと同時だった。

第二章　武士の勃興と陣形の黎明

定型の陣形がなかった中世前期

古代日本における陣形の導入は不発に終わった。一度断絶を見たわけである。

ではその後あらわれた武士たちはいつから陣形を使いはじめたのだろうか。

まずは「武者ノ世」のはじまりといわれる保元《ほうげん》元年（一一五六）の乱から見てみよう。『保元物語《ほうげんものがたり》』「白河殿《しらかわどの》攻め落とす事」（第一五篇）に次の記述がある。

　敵、魚鱗《ぎょりん》に懸かり破らんとすれば、御方《みかた》、鶴翼《かくよく》に連なりて射しらまかす《負》、

二〇〇騎の源《みなもと》義朝《のよしとも》（一一二三～一一六〇）が「魚鱗」の構えで挑み、対する二八騎の源為朝《みなもとのためとも》（一一三九～一一七〇）が「鶴翼」の構えで射返したという。

魚鱗と鶴翼は、中世前期から近世にかけての史料に頻出する二大陣形で、いわゆる源平合戦の記録にも現れる。

小規模の抗争に過ぎないが、早期からこの二大陣形が確認できるのは興味深い。両勢とも「黄石公《こうせきこう》が伝ふる所、呉子《ごし》・孫子《そんし》が秘する所」など兵法に通じていたため、引く気配を見せなかったという。

次に源平合戦の史料を見てみよう。寿永《じゆえい》二年（一一八三）、信濃にて挙兵した木曾《きそ》義仲《よしなか》（一一五四〜一一八四）の軍勢は北陸から中央を脅かした。対する平氏は「京都を奪われてはならじ」と軍勢を差し向けたが、倶利伽羅峠《くりからとうげ》の合戦で惨敗を喫し、総大将・平維盛《たいらのこれもり》（一一五八〜一一八四？）は命からがら逃げのびた。比叡山延暦寺《ひえいざんえんりやくじ》も義仲に懐柔され、義仲の上洛は眼前に迫っていた。

この直後、平氏は延暦寺が敵方に通じてしまったことも知らず、助力を願い出たことが『平家物語』巻第七「平家山門連署《へいけさんもんへのれんじよ》」に記されている。平氏一門が延暦寺に差し出したという書状を一部現代語訳しよう。

〔前略〕奸謀《かんぼう》に与《くみ》して同心する源氏らは義仲・行家《ゆきいえ》以下、徒党を結んで大人数になっています。遠近の国々を侵略し、税となる品々を横領しています。〔中略〕何度も凶徒の討伐を試みましたが、魚鱗・鶴翼の陣をもってしても官軍（＝平氏）は利を得られず、勝ちは逆賊の側にあるかのようです。これでは神仏のご加護がないかぎり、とても反乱を鎮められません。〔後略〕

官軍を自任する平氏一門だったが、源氏相手に「魚鱗・鶴翼の陣」をもってしても勝てそうにないと自らの苦しい胸中を述べている。

　この時代の魚鱗と鶴翼は、素朴な陣形であった。序章で触れたような複雑な形状と動作を要する構えではなく、ただ密集するか横に広がるだけのものだった。


　だがそれでも部隊同士が総大将の指揮下に入っていなければ構成できない配置であっただろう。指揮系統が明確でなければ、陣形の形成が難しいからである。

　ここに大軍が上意下達で整列された平氏と、中小の独立部隊で自由に戦う源氏との対比が示されている。前者が「正」で後者が「奇」であるとして、平氏一門は陣形を使ったことを持ち出し、自らが「正」にある公的な勢力であることを強調したのだろう。

　もちろん当時の平氏が整々たる陣形を組み立てられたとは思えない。少なくとも戦国時代以降の史料に詳述される陣形ほどの水準はもっていなかっただろう。実際、中世前期には陣形マニュアルのような史料は一切伝わっておらず、しかも「正」の平氏は、「奇」の源氏によって滅ぼされてしまっている。

　それもあってだろうか、平氏を打倒して政権を樹立した源氏の鎌倉幕府には、陣形を使用したという記録がない。そればかりか集団で連携しあって戦う軍隊の基本すら失われてしまっている。

蝦夷と戦う「散兵」戦力として生じた武士

鎌倉時代の武士は、「正」よりも「奇」の戦闘指向に偏っていた。

たとえば文永《ぶんえい》一一年（一二七四）の元寇《げんこう》のときも竹崎季長《たけざきすえなが》（一二四六～？）が「弓箭《きゅうせん》の道、先をもって賞とす。たゞ懸けよ」と喚《わめ》き、自ら従者を連れて突進しており（『蒙古襲来絵詞』詞四）、少人数で突撃する武士が蒙古軍に囲まれて殺される惨劇が跡を絶たなかった。

それでも鎌倉武士は密集隊形を組もうとはしなかった。なぜだろうか。

第一章でも触れたとおり、武士の前身は、密集隊形を苦しめる散兵戦術型の蝦夷に対抗して生まれた「健児《こんでい》」だった。なかでも主戦力とされたのは、関東の富裕な百姓からなる騎馬兵であった（寺内二〇〇八）。富裕層たちは優れた馬を上手に乗り回し、武功をあげて名を轟かし、「つわもの」として尊崇を集める。そのなかから勃発した平将門の乱を鎮圧した者たちが公的な領主として地域に根ざし、領主別編成を主体とする武士階層へと発展していった。

律令制時代に培われた密集隊形の伝統と様式は、武士たちに受け継がれていない。それらは防人制が廃止され、衛士府（左右衛門府）が治安維持の検非違使《けびいし》となるとともに、自然消失してしまったのである。

鎌倉幕府は、「□□の住人〇〇でござる。わが手勢をもって△△殿の軍勢に馳走いたす」などと従者を連れた私兵たち（領主層）が、勢いに乗じて私戦の勝利を重ねることで力を得た政権であった。

鎌倉時代に、中国における韓信《かんしん》や諸葛亮のような「用兵の名人」が生まれなかったのはこのためである。幕府の軍勢は、幕府の官兵ではなく、私兵と私兵の寄り合いが基本形だったのである。

散兵のように均一化されない戦闘力は、個人が武技《ぶぎ》と剛毅《ごうき》でもって戦局を決定づけんとした。武士はそこに自らの存在意義を見出したのであり、中世前期の日本で個人主体の戦理が有効となる道理を生み出した。

『太平記』に登場する「魚鱗懸りの陣」

それからほぼ半世紀後の合戦を描いた『太平記《たいへいき》』では多少陣形らしいものが登場する。元弘《げんこう》元年・元徳《げんとく》三年（一三三一）九月、三〇万騎を号する関東軍が、楠木正成《くすのきまさしげ》（一二九四〜一三三六）の立て籠もる赤坂城《あかさかじょう》へ押し寄せた。正成の兵は少数であった。

赤坂城は俄《にわか》づくりもいいところで、攻め手たちが「せめて一日でも守り通してもらわないと恩賞にすら与かれぬ」と同情するほど素朴な構えだった。

遠方から集まった関東軍は馬から飛び降りるやいなや、えいやっと堀へと飛び入り、櫓《やぐら》の下まで我先にと競い合うようにして突き進んだ。拙速ともいえる単純な攻め方だが、当時は高度な築城技術がなかったから、小城相手なら勢いまかせで先手必勝の飛び込みが有効だったのだろう。かれらはまさに武技と剛毅だけで勝ち進もうとした。しかしそこには正成が選び抜いた射手《いて》二〇〇人余が潜んでいた。

射手たちは敵勢が崖下まで押し寄せたところで射撃を開始する。たちまち一〇〇〇人余が死傷した。これを見た寄せ手は「これは一日二日で落とせる城ではない。作戦を練りなおそう」と引き返すと、幕に入って甲冑《かっちゅう》を脱いだ。しかし正成はそのときを待っていた。城の外に伏せていた楠木正季《まさすえ》(正成の弟)と和田正遠《まさとお》が、「今だ」と二手にわけた三〇〇人余を「魚鱗懸《ぎょりんがか》りの陣」に率い、関東軍のなかへと懸け入ったのだ。さらに城からも二〇〇騎余が打って出た。楠木軍は思うまま暴れまわり、関東軍に大きなダメージを与えた(『太平記』巻第三「赤坂城軍事」)。

ここで中世初期に見えた「魚鱗の陣形」が久しぶりに史料に登場するが、先々の戦局を見据えた配置を定めたようなようすがなく、これもまた人数を密集させて突入を掛けただけのようである。

「魚鱗」に控えて「虎韜」で取り囲む

続けて『太平記』を読み進めると、目新しい陣形があらわれる。

興国《こうこく》二年・暦応《りゃくおう》四年（一三四一）、南朝方である新田義貞《にったよしさだ》（一三〇一～一三三八）の馬廻《うままわり》（親衛隊）だった畑時能《はたときよし》（?～一三四一）は、義貞が戦死して以来、北朝方に追い詰められ、わずか一六騎で足利高経《あしかがたかつね》（一三〇五～一三六七）の軍勢と戦うことになった。

高経の勢は三〇〇〇騎余。人数差はほぼ一九〇倍。だが、時能は名うての豪傑だった。「畑将軍ここにあり。高経はいずこぞ」と一気に突撃を掛けたのである。大長刀《おおなぎなた》を振るう時能の雄姿に足利軍は馬の足が乱れた。これを見た高経は浮足立つ味方に向かい、「敵は鬼神のごとき強さだが小勢だ。自らの馬の足を止め、魚鱗に控え、兵を虎韜《ことう》にして取り囲め」と大声をはりあげた。激しい戦いの結果、高経はかろうじて時能を退かせることができた（『太平記』巻第二二「畑六郎左衛門事」）。

ここでもまた「魚鱗」が登場する。

一丸となって攻撃態勢に入る構え、それが魚鱗であった。今回はそれに加えて「虎韜」なる耳慣れない言葉がでてくる。虎韜は中国の兵法書『六韜《りくとう》』六巻のうち第四巻の題で、別名「虎の巻」という。虎が獲物を狩るように勢いよく押さえつけろという意味だろう。しかし一六騎を三〇〇〇騎で包囲するなら、密集型の魚鱗になるよりも横広がりの陣形が有効ではないかと思うのだが、なぜそうしなかったのだろうか。

答えは単純である。浮足立つ味方が足を止めれば、それが魚鱗になったのである。

滑稽な話だが、高経の一喝があるまで「↓▽　↓◇」（▽＝畑軍　◇＝足利軍）の状態になっていたようだ。高経は即座に現実的判断をくだした。「足を止めろ」――このときまだ陣形とは概念であり、そういう用兵が理論づけられているわけではなかった（**図7**）。

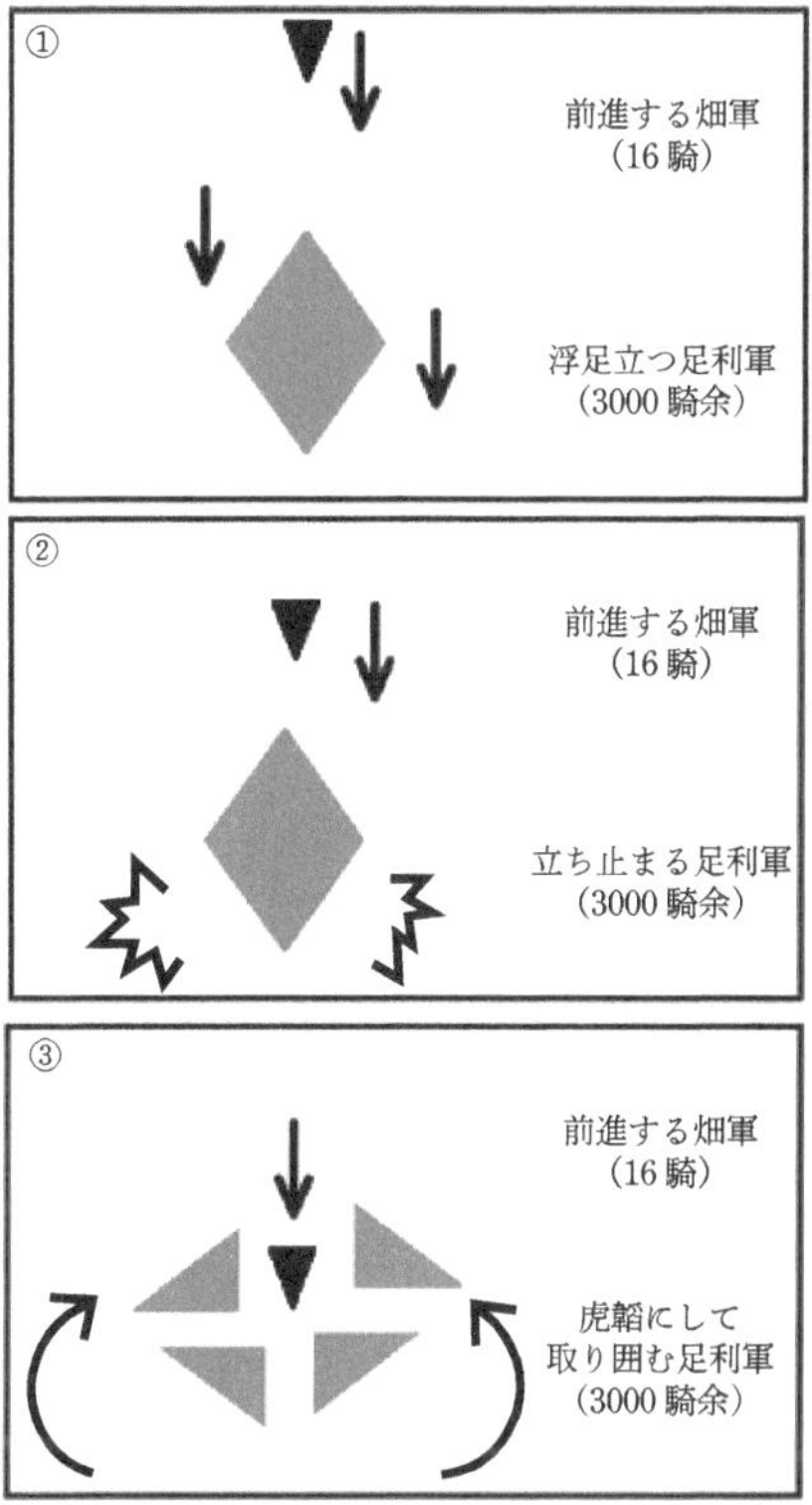

（図7）足利高経による「魚鱗」の控えと「虎韜」の動きによる包囲反撃

足利時代初頭、陣形はただの「言葉」でしかなかった。「魚鱗の陣」といえばそういう定型があるのではなく、「魚の鱗がどういう形状だったか思い描いて、びっしり集まれ」という程度で、「ものの譬《たと》え」に過ぎなかったのではないか。言い換えれば「魚鱗の陣」とは「びっしり（集まれ）の陣」であり、「鶴翼の陣」も「ばっさり（広がれ）の陣」で、もちろん「びっしり」や「ばっさり」に定型などない。それゆえ「逃げ足を止めろ、固まって待機しろ」で陣形を変えることが簡単にされていたのだろう。

「鳥雲の陣」に敗北する小楠公

次に楠木正行《まさつら》（正成の子・一三二六?〜一三四八）が悲愴な討ち死にをする四条畷《しじょうなわて》合戦を見てみよう（六五頁図8）。

北朝は高師直《こうのもろなお》（?〜一三五一）を主将とする三万一〇〇〇騎余、南朝は楠木正行を主将とする五〇〇〇騎余で、兵力差は六倍以上、戦う前から勝負が見えている状態である。ここでやっと全軍レベルの陣形が登場する。

正平《しょうへい》三年・貞和《じょうわ》四年（一三四八）一月五日、北朝方は四条に布陣した。師直は南朝方の正行が前方を難所（防御に適した地）とする布陣を展開すると予測し、全軍を五つに分け、「鳥《ちょう》雲《うん》の陣」を作り、陰《いん》に陽《よう》に備えたという（『太平記』巻第二六「四条縄手合戦事附上山討死事」）。

鳥雲の陣は『六韜』巻三第四七（『漢文大系』第一三巻）に見えるが、定型ではない。「鳥雲之陣《じん》は陰陽、皆備《そな》ふ」ものとされ、それぞれの部隊が有利な地を取り、連携的に機動しやすく距離を置いて構える戦理であり、定型の陣形ではない。要するに「有利なところに布陣する」というのが「鳥雲の陣」なのである。

さて、北朝方の布陣内訳は左のとおりであった。

●飯盛山《いいもりやま》＝白旗党五〇〇〇騎余、県《あがた》下野守《しもつけのかみ》が旗頭《はたがしら》。南の高所に控える。

●秋篠《あきしの》の外山の峯《みね》＝大旗党三〇〇〇騎余、河津《かわづ》・高橋《たかはし》が旗頭。東の高所に備える。

●四条縄手《しじょうなわて》（畷）の田の中＝武田《たけだ》伊豆守《いずのかみ》。前方を馬の駆け場所とする。一〇〇〇騎余か。

●生駒《いこま》の南の山＝佐々木道誉《ささきどうよ》。二〇〇〇騎余。外側に畳楯《じょうだて》を五〇〇並べ、足軽の射手《いて》八〇〇人を下馬させ、背後に騎馬が控えた。

●二〇町余後＝高師直本隊。左右前後に騎馬二万騎余、徒歩《かち》の射手五〇〇〇人。

二日後の早朝、楠木軍が姿を現す。

澄み渡る朝冷えのなか、まず四条隆資《しじょうたかすけ》が和泉《いずみ》・紀伊《きい》の野武士二〇〇〇人余を率い、飯盛山に対峙した。四条隊の目的は陽動である。白旗党と大旗党を引きつけ、楠木本隊を四条縄手へ進ませる作戦である。

主将の指示ではなく、部隊がそれぞれの判断で進退を決めるのが当時の合戦である。師直が知謀の人でも、白旗党と大旗党の動きには口出しできない。正行の策はまんまとあたった。両党は四条隊を囮《おとり》と知らず、射手を分け、旗を進めて坂の途中まで下ってきたのである。正行に希望の道が開けた。

楠木本隊は精鋭三〇〇〇騎余を率い、四条縄手へ進軍を開始。そしてそのまま物見を蹴散らすと、大将の師直をめがけ、まっしぐらに突き進んだ。

正行を阻止する者はあらんか――。戦史に残る凄まじい激戦がはじまった。

正行の旗印――菊水――を目にした白旗党の県下野守は顔色を変えただろう。対応も素早かった。いそぎ馳せ下って馬を飛び下りると、徒歩三〇〇人余をもって楠木隊の前に立ちはだかったのである。正行は三手に分けた前陣五〇〇騎余でもって悠然と挑んだ。両隊がぶつかり合った地形は野原で、騎兵に有利であった。徒歩のみの県隊はあっというまに蹴散らされ、本人も深手を負わされ、師直の陣へと退くしかなかった。

次いで武田隊七〇〇騎余が正行を襲った。正行の二陣一〇〇〇騎余が二手に分かれて伊豆守を攻囲する。「一人も逃すな」騎兵隊同士の戦闘がなされた。両隊の損耗は激しく、楠木隊の大半が血に染まった。

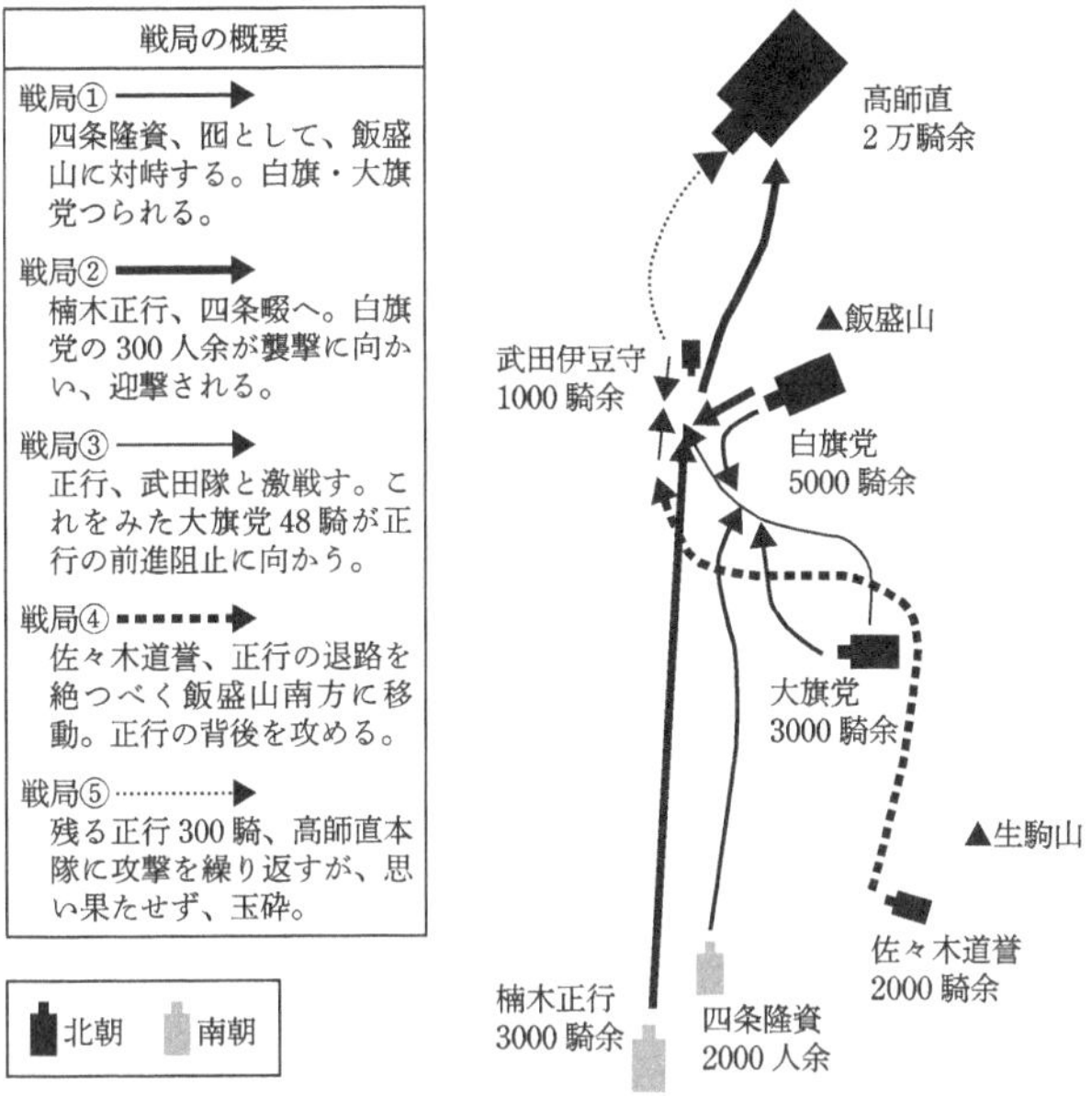
戦局の概要
戦局①
四条隆資、囮として、飯盛山に対峙する。白旗・大旗党つられる。
戦局②
楠木正行、四条畷へ。白旗党の300人余が襲撃に向かい、迎撃される。
戦局③
正行、武田隊と激戦す。これをみた大旗党48騎が正行の前進阻止に向かう。
戦局④
佐々木道誉、正行の退路を絶つべく飯盛山南方に移動。正行の背後を攻める。
戦局⑤
残る正行300騎、高師直本隊に攻撃を繰り返すが、思い果たせず、玉砕。
北朝
南朝
高師直
2万騎余
▲飯盛山
武田伊豆守
1000騎余
白旗党
5000騎余
大旗党
3000騎余
▲生駒山
佐々木道誉
2000騎余
楠木正行
3000騎余
四条隆資
2000人余
（図8）四条畷合戦　戦局概念図

大旗党のほとんどは四条隊につられて飯盛山に上っていたが、伊豆守との戦いに痛手を蒙った正行の二陣が麓に控えたのを見て、兵四八騎を率い、小松原から駆けおりて攻めかけた。わずか四八騎が相手だったが、楠木隊の応戦はふるわなかった。伊豆守から受けたダメージが大きかったのだろう。楠木隊の二陣は前進を停止させられた。

このときを待っていたのは佐々木道誉だった。道誉はあらかじめ楠木隊の目的が師直への決死の突撃であることを見通しており、これを背後から衝くべく飯盛山の南の峯に二〇〇〇騎余を上らせていたのである。兵を二手にわけた道誉が、楠木隊の二陣を襲った。新手の攻撃により二陣は壊滅した。

残ったのは正行の本隊である前陣のみで、もはや三〇〇騎もない。だがそれでも師直を討ち取るべしといわんばかりに前進を続ける。やがて人よりも先に馬が倒れて、兵はみな矢の立つ身で徒歩となった。それでも突き進んでくるのだから凄まじい光景だっただろう。師直の軍勢は楠木隊を死兵と見て、近づくのをためらった。楠木隊は静かに足を速めた。阻止に向かう兵も命がけだった。

師直まで半町ばかりの距離に迫る正行たちが、ようやく目にしたのは師直と前後左右を固める七八〇騎の兵だった。こちらは傷ついたおのれの足で進んでいる。かたや師直たちはまだ元気な馬の上にいる。

正行は絶望の淵に立たされた。こうなっては、もう前進する意味がない。進んだところで相手は逃げようと思えばすぐに距離を開けられるのだ。

正行は師直の討ち取りを断念した。楠木隊は楯《たて》を背に引いて後退を開始する。残る兵は五〇人ばかりだが、「武士の情け」なる言葉はこの時代にはない。背後から高播磨守《こうのはりまのかみ》が迫ってくる。楠木隊はもはや逃れ難いと覚悟したのだろう。激しく応戦し、最後の意地を見せた。だが結局は衆寡敵せず、全滅を余儀なくされた。

敗北した楠木隊の兵たちは哀れにも「梟首《きょうしゅ》・生虜《いけどり》」にされたことが当時の記録に残されている（『園太暦《えんたいりゃく》』）。

このように善戦した楠木正行だったが、最後までちゃんとした陣形を使ったようすがない。そして、これに応じた高師直たちの「鳥雲の陣」というのも、全軍がまとまって定型をなすものではなかった。全軍が一定の形状をなして決戦する戦闘様式は『太平記』の時代にはまだ見出せないのである。

中世前期の軍勢

ここで中世前期の軍勢が、どうして定型の陣形をもたなかったのかを振り返ってみよう。先述したように鎌倉幕府は中小規模の私兵が寄り集まって、だれか一個の統率のもと集団で戦うのではなく、それぞれ個別の集団で戦った。

数騎の騎馬武者、一騎の騎馬武者に数人の徒歩《かち》（親類や郎党、従者）からなる組み合わせの軍勢が、整列するということを知らず、隊列を組むこともなく、思い思いに駆け引きを行うのが中世前期の合戦だった。

たとえばこういう組み合わせの主従が戦場に参集した。

肥後国窪田庄《ひごのくにくぼたのしょう》　預所《あずかりしょ》・僧定愉《そうていゆ》勢　并《ならびに》兵具《へいぐ》乗馬等事《じょうばとうのこと》

一、自身、歳三十五

郎従《ろうじゅう》一人　所従《しょじゅう》三人　乗馬《じょうば》一疋《ひき》

一、兵具

鎧《よろい》一両　腹巻《はらまき》一両《りょう》　弓《ゆみ》二張《はり》　征矢《そや》二腰《こし》　大刀《たち》□

右、任被仰下候旨《おおせくだされそうろうむねにまかせ》、注進《ちゅうしん》之状、如件《くだんのごとし》、

建治《けんじ》二年（一二七六）三月卅日《さんじゅうにち》　窪田庄預所僧定愉

（『石清水文書』三四五号「窪田荘預所僧定愉注進状」部分）

馬上が一騎、郎従・所従の歩兵が四人である。

これらは解体されることなくそのまま戦陣に加えられ、たとえば「佐藤殿の一二人と高橋殿の七人と鈴木殿の九人は、一三人を連れた佐々木殿の采配に心を合わせて戦ってもらいたい。合計四一人だ」と伝えられ、「だいたい四〇人余」とか「およそ五〇〇人余」などの部隊が編成された。

こうした領主別編成が時代の主流で「おお、高橋殿。七人の兵を連れてきてくれたか。よし、その兵はわしが預かろう。ほかの部将からもすべて兵を預かり、五〇人単位の部隊を七つ作ることにする。それぞれ弓、鑓、騎馬などの武装別で編成するのだ。お前にはそのうち一部隊を指揮してもらう。しっかり頼むぞ」といった兵種別編成が制度化されることはなかった。

これでは定型の陣形を構想することもできなかっただろう。

こうした成り立ちが理由で、指揮官による大規模な協調的集団戦略の訓練の機会は、あったとしても非常に数少なく、戦闘訓練を積んだ組織された軍隊を配備することは不可能であった。

（カール・F・フライデー「騎射の歩みの一考察――中世日本に於ける国家と文化と技術」）

中世の武士は私戦をもっぱらとする生き物であり、原則として私兵を連れて自分のために戦うことを優先するものとして台頭した。総大将のために嬉々として討ち死にする者もないではなかったが、かれらとてすすんで私財（領地、領民、従者、私兵を含む）を主君に差し出すわけではなかった。かれらは恩賞と所領安堵を求めて、祖先から受け継いだ土地を守り、子孫に豊かな土地や家声を残すため、一所懸命に体を張ってきたのである。

これでは兵種や隊伍を組むことなどできない。わたしはここで隊列が存在しない寄せ集めを「軍隊《ぐんたい》」と呼んでいいかどうか悩む。中世前期の武士による軍事集団は「軍隊」ではなく、「軍勢《ぐんぜい》」として理解しなければならないだろう。

定型の陣形を形成するには、軍勢が軍隊へと進化する必要があった。

以上が中世前期に登場した武士とその軍勢が有する特徴と限界である。

武士たちは魚鱗や鶴翼の呼び名で伝わる陣形を使ったが、それは定型に並ぶのではなく、周囲の仲間を見て自分の立ち位置を決めるための合図を越えるものではなかった。

これが黎明期の陣形である。

第三章　中世の合戦と定型なき陣形

少数精鋭vs.物量

持ち前の武技と剛毅によって台頭した武士が、その根本思想としたのは一所懸命——すなわち一命を捨て、子々孫々に良地を残す覚悟であった。命知らずであることが必勝の秘訣で、源平合戦や蒙古襲来など比較的短期の戦争でその有効性を発揮した。

ところが武技と剛毅も万能ではない。長期的な内紛に対しては、短期決戦型よりも長期的な戦力を保持するほうが有効であった。そこで数を揃えて被害を最小限にとどめる集団戦の思想があらわれるのである。

ここに個人戦を重んじる武士の戦術が変化の兆しを見せはじめる。個人の武技と剛毅を抑えこむ陣形（のようなもの）が多用されていくのである。

足利尊氏の軍事編成

引き続き『太平記』を見てみよう。

南北朝の激しい抗争を経るうち、武士たちは集団化した軍勢の再編成を模索する。

四条畷合戦から四年後の正平《しょうへい》七年・観応《かんのう》三年（一三五二）閏《うるう》二月二〇日、北朝方の征夷大将軍・足利尊氏《あしかがたかうじ》（一三〇五～一三五八）は、南朝方の新田義宗《にったよしむね》（?～一三六八）と戦うため、

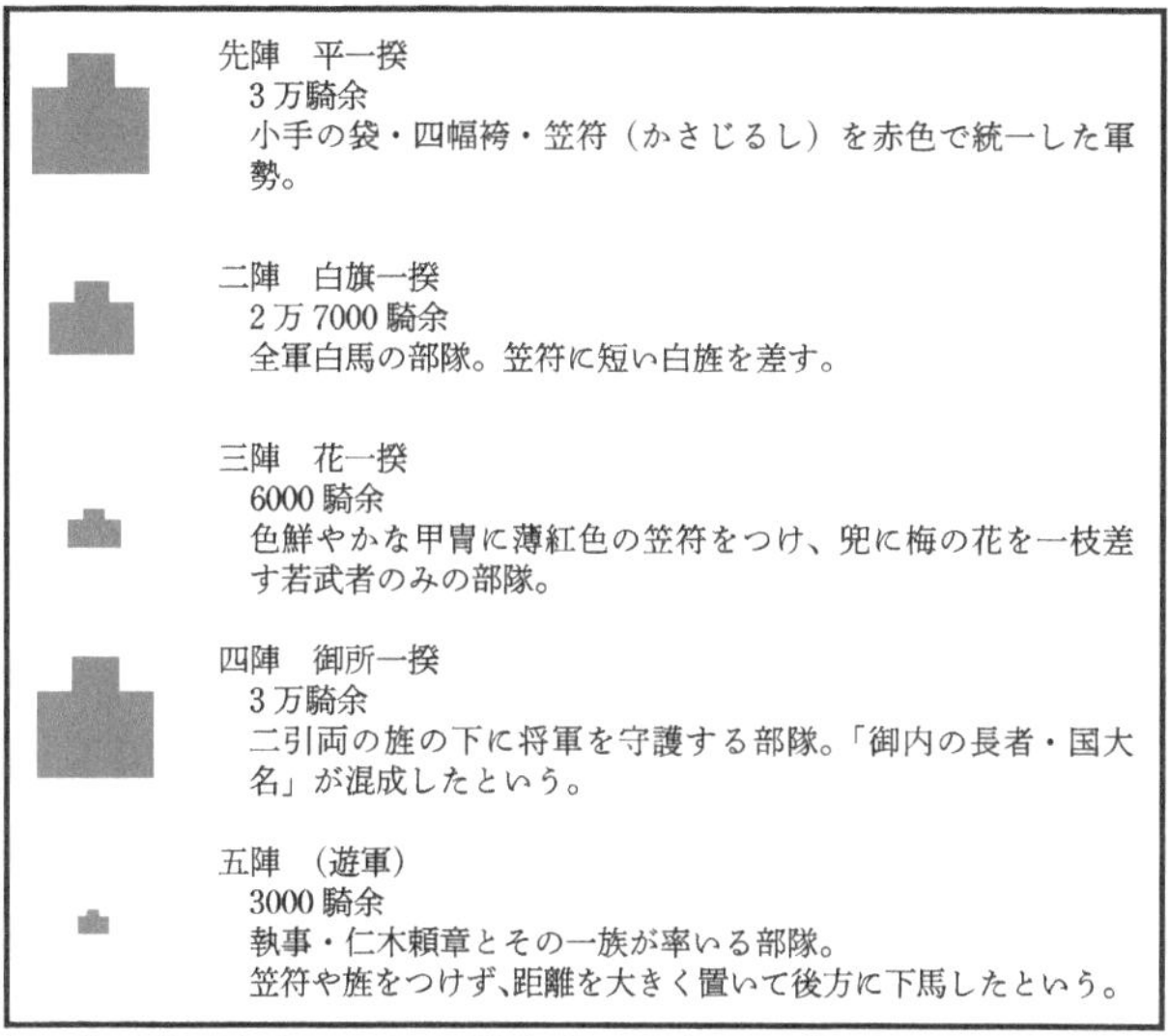
先陣　平一揆
3万騎余
小手の袋・四幅袴・笠符（かさじるし）を赤色で統一した軍勢。
二陣　白旗一揆
2万7000騎余
全軍白馬の部隊。笠符に短い白旌を差す。
三陣　花一揆
6000騎余
色鮮やかな甲冑に薄紅色の笠符をつけ、兜に梅の花を一枝差す若武者のみの部隊。
四陣　御所一揆
3万騎余
二引両の旌の下に将軍を守護する部隊。「御内の長者・国大名」が混成したという。
五陣　（遊軍）
3000騎余
執事・仁木頼章とその一族が率いる部隊。
笠符や旌をつけず、距離を大きく置いて後方に下馬したという。

（図9）武蔵野合戦における足利尊氏軍（巻第三一「武蔵野合戦の事」）

武蔵野《むさしの》に一〇万騎余の兵を連れて現れた（巻第三一「武蔵野合戦の事」）。

人数に誇張はあろうが、そのときの編成が記されているので列記してみよう。

『太平記』の文章によれば「将軍十万余騎を五手に分て」とあり、尊氏は一〇万騎余に五つの配置を指示した。

図にすると部隊ごとの兵数配分がいびつである事実が理解しやすいだろう（**図9**）。

部隊の大きさに明らかなばらつきがある。これはどういうことだろうか。もし臨機応変に戦闘を展開したいと考えるなら、一〇万余の兵数をほぼ一万ずつ平等に分けて扱うほうがわかりやすいだろう。

だが、尊氏はしかるべき作戦があってこういう人数配分にしたわけではない。尊氏が分けたのは、人数ではなく持ち場であった。これら五つの部隊ははじめからその形で集まったのであり、尊氏に手を加えられることなく配置につけられたのだろう。

南北朝の騒乱は私兵の規模を大きくした。数十〜数百騎の寄せ集めだけでなく、数千〜数万騎の軍勢が一部隊を形成することが可能になった。

たとえば白旗党は四条畷合戦にも登場したが、これは尊氏が組ませた部隊ではなく、関東地生えの国人一揆——それまで少数の一族親類ばかりで集まっていた武士が、より上位の領主同士で地縁・人縁あるいは契約によって結成された軍事連合——であった。つまり「仲良くしようぜ」で大規模化した私兵である。

離合集散が繰り返される長期の戦乱は、源平合戦の時代と趣《おもむき》を異にしていた。南北朝の抗争は、西に向かってぐいぐいと勝利を重ねる源氏が勢い任せで幕府を開いたような短期の収束が望めなかった。おのおので周辺勢力の顔色を窺《うかが》いながら親しい味方と連合し、継戦能力を維持する態勢が重要になった。

するとスキルある将士を集中的に投じる戦闘様式よりも、いつまでも息切れしない戦闘態勢にある側が有利となる。頭数が大事となる。それには連合が相互の利害関係を調整し、安定した戦力を確保・運用することが重要になった。

規模の大きい部隊編成は、無理無謀な「先をもって賞とす。たゞ懸けよ」の兵《つわもの》たちを、人数と戦術でもってねじ伏せることを可能とした。

先述した四条畷の合戦では、士気の高い楠木正行がただひたすら師直のもとを目指したが、最後には北朝方の圧倒的な戦力と各部隊の連携に敗れている。

こうして国人一揆が形成され、一軍事力＝部隊として運用された。

尊氏の軍勢はこうした「平一揆」「白旗一揆」や手持ちの「花一揆」「御所一揆」および仁木《にっき》隊をそのまま部隊として扱う配置を行った。こうした編成が領主別編成の典型である。

武蔵野合戦――三〇〇騎の「魚鱗」と三〇〇〇騎余の「鶴翼」

北朝方の足利尊氏軍、総勢一〇万騎余。

対する南朝方の新田義宗軍も総勢一〇万騎余。そのうち総大将の義宗が五万騎余、ほかに新田義興《よしおき》二万騎余、脇屋《わきや》義治《よしはる》二万騎余の編成であった。

劣勢を重ねてきた南朝方にとってこの合戦は、尊氏を討ち取り、形勢を立て直すための重要な戦いであった。したがって義宗たちの士気は高かった。

まず一番手の勝負が開始された。先陣の平一揆三万騎余が新田義興二万騎余と交戦して、八〇〇人余が討ち死にし、負傷者無数となって左右に退いた。

次に二番手の勝負が行われた。二陣の白旗一揆二万七〇〇〇騎余が脇屋隊二万騎余に攻撃を仕掛けた。騎馬突撃と太刀打ちが展開され、七〜八度の交戦があり、五〇〇人余が討ち死にしたところで東西にさっとわかれた。

三番に新田義宗が差し向けた児玉党七〇〇〇騎余と、三陣の花一揆六〇〇〇騎余が戦う。花一揆は若武者ばかりの少年部隊で、意気盛んだが備えが悪かったという。結果、四陣（将軍の陣）背後の陣中に敗走する者があとを絶たず、新手が投入できない惨状に陥った。

これを見た新田が勝鬨《かちどき》をあげて追撃を仕掛ける。将軍尊氏の一〇万騎余は後退を開始した。新田義宗は味方の旗より先に進み、「尊氏の首をとるべし」と他の兵には目もくれず、将軍の大旗をどこまでも追いかけた。尊氏はかなり危機的な状況に陥ったが、近習《きんじゅ》の侍二〇騎が身代わりに踏みとどまったため、逃げ延びることができた。

いっぽう、新田義興と脇屋義治は、ともに二陣の白旗一揆を尊氏隊と思い込んで追撃を行っていた。白旗一揆は二倍以上の敵勢に追い立てられ、投降する者が相次いだ。降参する兵に対応する人数を割かなければならない。そのため追撃する兵はわずか三〇〇騎になってしまった。後方に隠れていた遊軍の仁木はこのときを待っていたらしい。三〇〇〇騎余を連れ、義興・脇屋のもとへ押し寄せた。「鶴翼」で包囲する構えであったという。義興と義治は「魚鱗」に連なり、轡《くつわ》を並べて突撃したが、何回仕掛けても仁木隊が崩れないので、東へ退かざるを得なかった。

最後になってようやく「魚鱗」「鶴翼」が登場するが、両軍二〇万人規模の戦闘で、三三〇〇人だけが組んだものであり、規模としては一・六パーセント程度となる。運用も最後の最後で、臨時的である。ここに見える陣形は「固まる」とか「横開きになって包囲する」程度の意味でしか使われていない。もし陣形に定型があれば、一陣・二陣・三陣が、順番どおり戦う前に、最初から有機的に連携する戦闘がなされただろう。

このように新たな軍事力である国人一揆が部隊として会戦に用いられることになっても、私兵と私兵の集まりが大きくなったものに過ぎず、総大将が思うまま各部隊の編成を解体して、より合理的に部隊を再編することはなかった。

基本となる定数でまとめられた計画的な軍隊がないのだから、定型としての陣形もなされることはなかった。

こうした私兵の集合体である党や一揆からなる部隊は、数だけ揃っているがまだ総大将の強い統制を受けない、おのれのために動く戦力であった。それゆえ、彼我の兵数に明らかな相違があっても、窮鼠猫を嚙むがごとく、小勢に高い士気が備わっていれば、これに多勢が翻弄されることもあった。

大塔合戦における魚鱗と鶴翼の行《てだて》

今度はその窮鼠猫を嚙むがごとき、小勢が勝ち進む会戦を見てもらおう。

武蔵野合戦からほぼ半世紀後、信濃守護小笠原長秀《おがさわらながひで》（一三六六～一四二四）と現地の国人連合、村上・大文字《だいもんじ》一揆＝国一揆との間で紛争が勃発する。応永七年（一四〇〇）の「大塔《おおとう》合戦」（別名「四宮《しのみや》御合戦」）である。

善光寺で孤立する長秀は国一揆に滅ぼされることを恐れて敵中突破を試みた。合戦の経緯は六六年後の文正《ぶんしょう》元年（一四六六）以前の成立という『大塔物語』に詳しい。本史料では中世の軍勢が使う武装と戦術が詳述されており、一五世紀の合戦内容を具体的に示すテキストとして有用である。これを参考に戦況を見ていこう。

長秀は、三代将軍足利義満《よしみつ》（一三五八～一四〇八）の命により信濃へと派遣された。寺社の所領が現地の国人たちに横領されている事態に対応するためである。長秀が土地の回復を進めると、実効支配を否定された国人たちは激怒し、挙兵準備を開始した。

思わぬ事態である。善光寺にいた長秀は近隣の領主たちに援軍を求めたが、進んで味方する者はほとんどなく、急のことで京都からの援軍を待つ余裕もなかった。このままでは善光寺を囲まれて殺されるしかない。小勢ながらも士気の高い味方たちは「一戦もせず京都に援軍を求めるなど考えられない」といきり立った。南下を決断した長秀は、犀《さい》川を渡り、川中島の横田郷へと陣を進めた。小笠原隊その数八〇〇騎余。

待ち受ける国一揆方は、部隊を一一手にわけ、迎撃態勢を整えた。国一揆は総勢四〇〇〇騎余の大軍で、しかも「譜代無双の勇士」がばらばらの旗、笠験《かさじるし》、幕を風になびかせるようすは圧巻であったという。対する小笠原隊の馬廻《うままわり》（親衛隊）一五〇騎は、曼荼羅《まんだら》の母衣《ほろ》を飾る「曼荼羅一揆」で整然としてはいたものの、象徴旗である三松皮《みつまつかわ》（松皮菱《まつかわびし》）の旗が一本真ん中に立つばかりで、いかにも頼りなげであった。

複数の部隊が各所に陣取る国一揆と、ほぼ一部隊だけで進む小笠原隊では、戦力差が歴然であった。だがここで退くわけにはいかない。

九月九日、小笠原隊は塩崎城を目的地に定め、横田の陣より進軍を開始せんとする。そのとき、配下の坂西長国《さかにしながくに》が大音声で訴え出た。

「敵勢は四〇〇〇騎余、お味方は八〇〇騎余。普通なら勝負になりません。ですが小勢が多勢に勝利した例は歴史にいくらでもあります。この長国、弓箭譜代の家を継ぐ者なれば、今日の戦は奉行として軍勢への下知《げち》をお任せ願います」

長秀は「もっともなことだ」と笑って長国の申し出を許した。これを聞いた者たちは、

「ここで一騎当千の働きを示すべし」と意気をあげ、我先にと歩武《ほぶ》を進めた。長秀と長国の答申は芝居がかっているが、これにより小笠原隊の戦意は一気に盛り上がった。

前進した長秀は、軍《いくさ》奉行の長国に方針を伝える。

「敵は猛勢で、味方は小勢。魚鱗・鶴翼の行《てだて》（作戦）・還迹《けいしゃく》（計策）、これにあり。だが、無謀に進むべきではない。いたずらに謀《はかりごと》を立てるべきでもない。もし敵が整然と攻めてきたら、慎重に当たれ。敵が不揃いに攻めてきたら、落ち着いて接近戦にせよ。先手を痛めつければ、勝ち戦となるだろう。大軍というのは一陣が敗れれば残りの党も去るという。竜が吠えれば雲が起こり、虎が啼《な》けば風が立つのだ」

ここで「魚鱗」と「鶴翼」が登場する。

だが、やはりここでも定型の陣形を指していない。長秀は敵味方両軍の構えを見て「魚鱗と鶴翼の戦闘となるだろう」と観測を述べているだけである。少数精鋭で密集するしかない味方と、各地の要所に分陣し包囲の構えをとる敵との対比と展望に、この語を使っているに過ぎない。戦況図を描いてみると、国一揆方はそれぞれ地形にあわせて陣取りを行っているので、やはり定型の魚鱗・鶴翼をなしているとはみなしがたい。ただ、塩崎城への突破を試みる小笠原隊を食い止めんとするため、包囲的な配置になっていることは認められる。例によって「ばっさり広がれの陣」である（**図10**）。

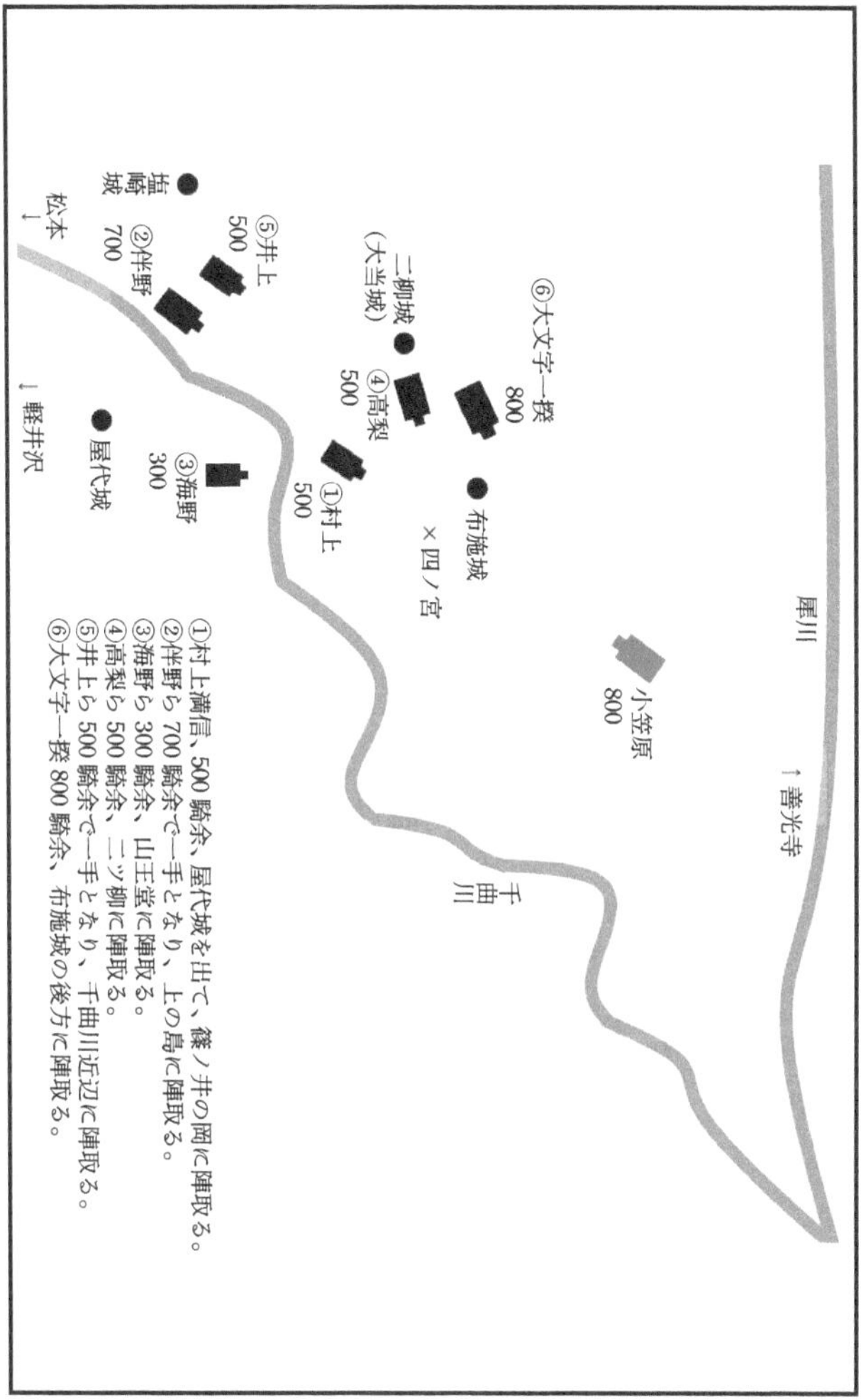

犀川
↑善光寺
小笠原
800
千曲川
布施城
×四ノ宮
⑥大文字一揆
800
二柳城
（大当城）
④高梨
500
①村上
500
⑤井上
500
②伴野
700
塩崎城
松本
↓
↓
軽井沢
③海野
300
屋代城
①村上満信、500騎余、屋代城を出て、篠ノ井の岡に陣取る。
②伴野ら700騎余で一手となり、上の島に陣取る。
③海野ら300騎余、山王堂に陣取る。
④高梨ら500騎余、二ツ柳に陣取る。
⑤井上ら500騎余で一手となり、千曲川近辺に陣取る。
⑥大文字一揆800騎余、布施城の後方に陣取る。

（図10）大塔合戦布陣図

一部隊vs.六部隊の激戦

さしたる味方を得られず、座して滅亡しては物笑いの種になるだけだと敵中突破を試みる長秀と、これを待ち受けるほぼ五倍の国一揆勢。ここから始まる戦闘は凄まじいものとなった。大塔合戦は鉄炮が伝来する以前であるためか、日本史上でも有数の馬上戦闘が展開されることになる。

戦闘の内容を詳述するが、図を見ながら読み進めれば簡単に理解されよう。

まず国一揆方の村上隊（図10の①）に属する千田《せんだ》信頼《のぶより》が一番に馬を引き寄せると、「今日の戦は近頃では珍しい晴れ舞台ぞ。われこそはと思う兵《つわもの》は、わが太刀の輝きに続け」と騎乗の人となり、手勢一四〇～一五〇騎ばかりを連れて突撃した。

連合軍の諸隊から後陣の勢八〇〇騎余がこれに続いた。かれらはこぞって川を渡ると、「四ノ宮」にて小笠原隊とぶつかりあった。第一戦の開始である。両軍は声をあげて天地と草木を揺るがし、震動は一時間近く鳴り止まなかった。

小一時間ほど経過するころ、村上隊の先陣より「五騎、三騎、十騎、二十騎」が「われ劣らじ」と飛び出した。迎え撃つ小笠原隊は、うちあわせ通りの作戦で馬首を並べ、切っ先を揃え、兜の錣《しころ》を傾けて静かに待ち受ける。屈強の足軽（「足白《あしがる》」）たちは楯を二〇～三

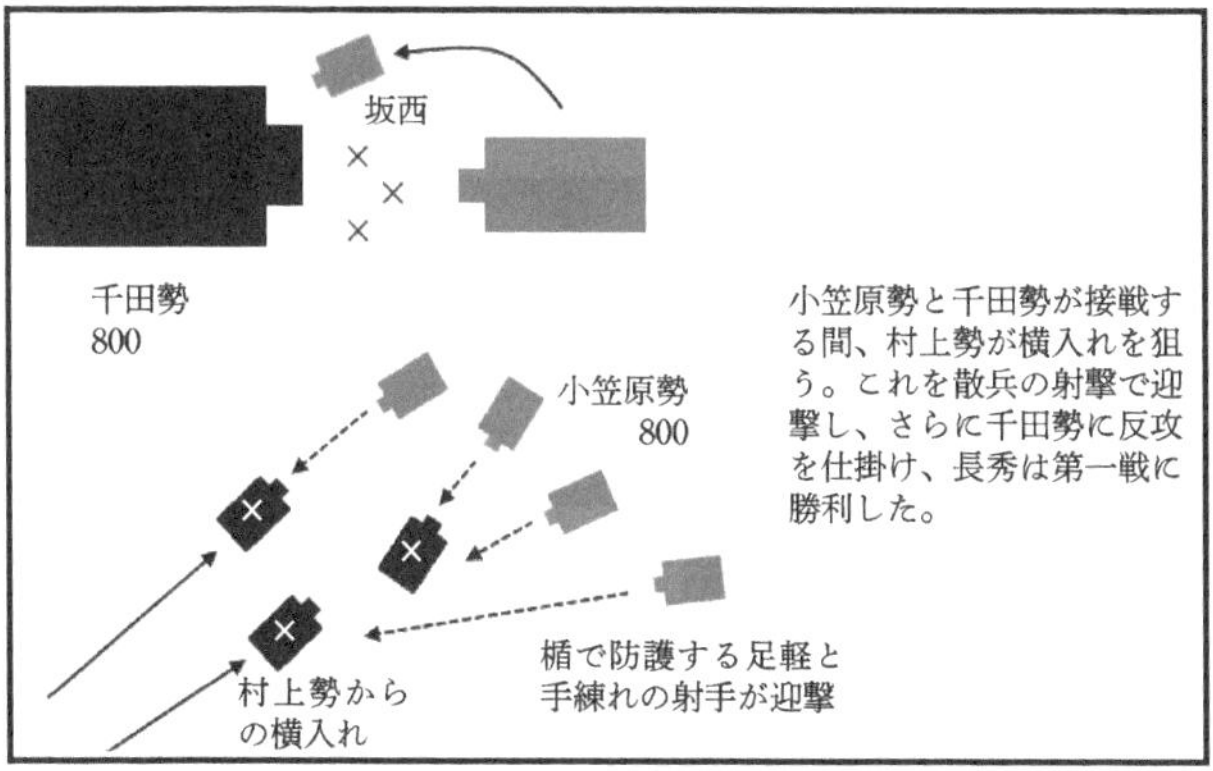
坂西
千田勢
800
小笠原勢
800
小笠原勢と千田勢が接戦する間、村上勢が横入れを狙う。これを散兵の射撃で迎撃し、さらに千田勢に反攻を仕掛け、長秀は第一戦に勝利した。
楯で防護する足軽と
手練れの射手が迎撃
村上勢から
の横入れ

（図11）第一戦　千田勢対小笠原勢

○帖、雌羽《めんどりば》に突き出し（左を上、右を下に重ねる並べ方。『平家物語』一一巻に同表現あり）、これに庇《かば》われた精兵《せいびょう》（弓射に優れた兵士）一五〇～一六〇人が散らばりながら前進する。弓兵は射撃と後退を繰り返した（手先手先へ走り散て、堆立《つつたち》渡って、矢比《ころ》に相附《あいつ》け、指《さし》取り引取り散々に射る）。楯を持つ非正規の戦闘員（足軽）と鍛えられた弓兵（精兵）が小単位で連携して戦ったわけで、今日でいう散兵の戦術に近い。

精兵の攻撃により、村上隊から飛び出た七～八騎が射落とされた。ある者は馬腹を射られ、ある者は兜のうちを射られて真っ逆さまに撥《は》ね落とされた。やがて馬の足が滞《とどこお》る。これを見た坂西長国は「すはや吉《よ》きぞ」と立ち上がると馬上の人となり、足軽・野伏が並べる楯を蹴立てるや、真っ先に突撃した。勢いあるものは強い。坂西の反攻により馬廻を多数討ち取られた千田隊が後退した（**図11**）。

そこへ村上満信・伴野ら（図10の①②）が一手になって入れ替わり、第二戦が始まった。一時間の長きにわたり、矢が叫び、太刀の音も雷鳴のごとく響いたという。

小笠原隊は死を顧みず、一騎残らず円形に固まって備え、ある時は肉親の死体を躍り越え、またある時は負傷者を楯にしながら、敵の不揃いな部分を探して攻めたてた。この勢いに村上隊は崩れて退くことになったが、五～六度ばかり返して戦った。

第一戦と第二戦に勝利した長秀は、「われらは（将軍の）上意であり、敵は兇徒である。天命の開かないわけがあろうか。三度目も勝ち戦をして末代まで名をあげよ。一歩も引くな」と気勢を上げた。

次に国一揆方の海野《うんの》幸義《ゆきよし》（図10の③）が三〇〇騎余にて村上隊と入れ替わり、長秀の馬廻である曼荼羅一揆一五〇騎と交戦を開始した。第三戦である。

長秀の馬廻は馬から降り立つと、身をかがめて、「えい、えい」と押し合った。勝負はすぐにはつかない。その間に小笠原隊の古《ふる》武者七〇～八〇騎が海野隊の裏へと馳せ抜け、真ん中まで押し入り、乱闘を仕掛けた。別動隊による浸透である。これで海野隊は乱れた。千曲川まで追い込まれた海野隊は、河川に母衣・小旗・笠験が沈み流れるのも構わず後退した。小笠原隊、三度目の勝利である（**図12**）。

だが長秀も多大な犠牲を出していた。「今ひといくさ」を願ったが、すでに一騎当千の兵数百人が命を落としており、長秀自身も負傷していた。味方の坂西たちとも離れ離れになっていた。足軽の反対もあり、戦闘を回避しながら塩崎城を目指すほかなくなった。

そこに高梨・井上隊（図10の④⑤）の新手が近づいて、坂西たち三〇〇騎余の退路を塞いだので、五～六度の太刀合わせをした。

しかし坂西にはまだ戦意が残っていた。結局、新手は坂西を討ち取れず後退を強いられる。敗北した海野・高梨・村上らは村々に控えていた。この隙に小笠原隊は大将の旗とともに塩崎城への退却を試みる。だがまだ最後の敵が残っていた。大文字一揆（図10の⑥）八〇〇騎余である。大文字一揆は鬨の声を上げ、「討ち漏らすな」と襲い掛かった。

長秀以下一五〇騎は塩崎城にたどりつくが、本隊と分断された坂西ら残り三〇〇騎余はこれと合流することなく、途中にある貧相な大塔の古城（つまりは城跡）に逃げ込まざるを得なかっ

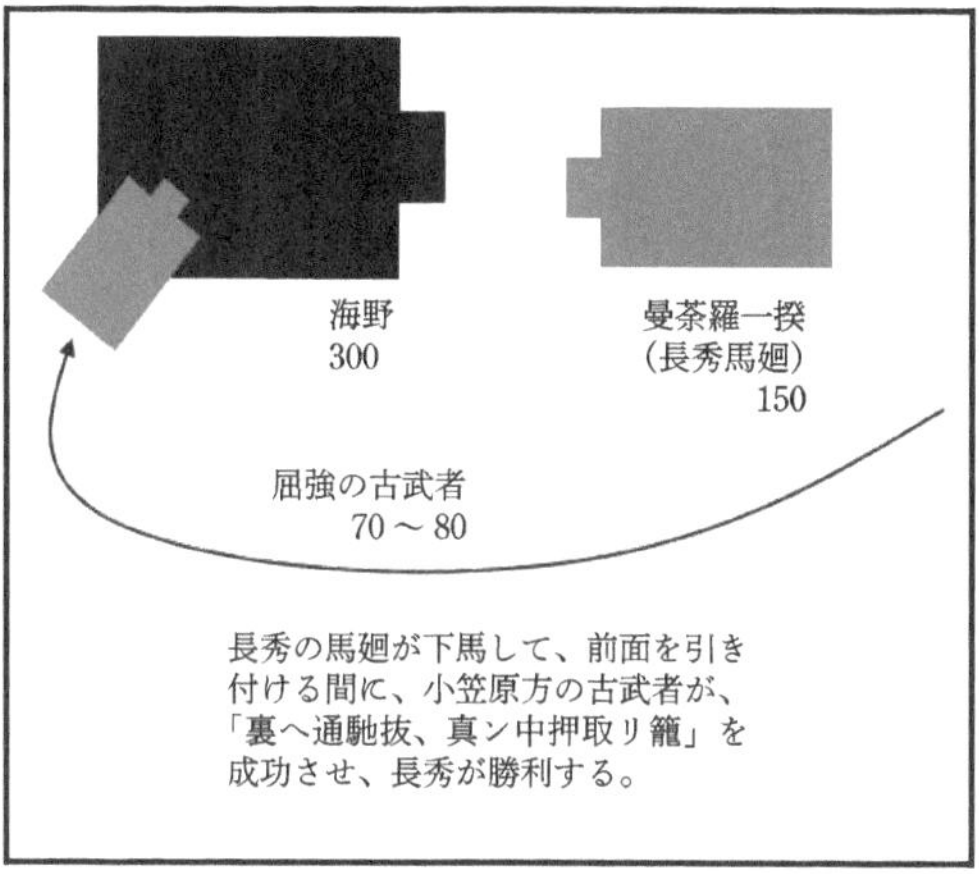

海野
300
曼荼羅一揆
（長秀馬廻）
150
屈強の古武者
70～80
長秀の馬廻が下馬して、前面を引き付ける間に、小笠原方の古武者が、「裏へ通馳抜、真ン中押取リ籠」を成功させ、長秀が勝利する。

（図12）第三戦　海野勢対小笠原勢

た。野戦はこれで終了した。以降、長期の籠城戦となる。

余談ながら城攻めは三週間にも及んだという。国一揆方は連日、大塔の古城を激しく攻撃し、坂西ら籠城する者をみな討ち死に——あるいは自害——させた。この惨劇を見かねた中立領主が仲裁に入り、塩崎城の長秀は命拾いする。

諸将の働きのおかげで、長秀は善光寺で滅ぼされることなく塩崎城までたどりつけた。帰京した長秀は信濃守護を解任されたが、その後二〇年余の人生を得ることができた。損耗でいえば、国一揆方の勝利に見えるが、目的を達成したのは長秀だった。

国一揆軍の布陣

軍記を基準にしたので、戦況の説明がどこまで史実に即しているかは心もとないものの、当時の一般的な合戦像を想像するのに重大な示唆を得られよう。

やはりここでも大がかりな陣形は登場しなかった。各部隊が要所に陣取り、折を見て入れ替わって攻撃に入る程度であった。

国一揆方の配置は「何々の陣」という概念ではなく、石井由紀夫氏のいうように「小笠原軍を塩崎城に逃げ込ませないためのもの」（石井二〇〇〇）であり、第一に軍事的な目的があって地理に即し、陣地を定めたものだった。

国一揆方はどの部隊も「通せんぼ」をするために持ち場を守ったのである。かつまた明確なリーダーがいなかったので、基本は各部隊が個別で陣取った地からひも付きのようにして進退しているのであり、全軍が一度に前進して包囲する戦術は採られなかった。

おかげで五倍もの人数がありながら、どの部隊も各個で戦い、しかもさしたる勇も示すことなく、長秀の塩崎城入りを許してしまったのである。

中世の部隊陣形は騎兵主体だった

ここで合戦に実用された部隊の編成を騎馬武者＝騎兵の運用から読み解いてみよう。

足利時代の騎兵は馬上からの太刀打ち（衝撃具による馬上打物戦）が主流であり、馬上から弓を使う騎射戦闘はほぼ使われなくなっていた。

大塔合戦から確認されるように、中世には騎兵と騎兵による接近戦が常用されたが、普段から「何々隊」が常設されているわけではなかった。

たとえば千田隊は「われこそはと思う兵は、わが太刀の輝きに続け」と手勢一四〇〜一五〇騎で突撃した。騎兵は「われこそはと思う」者だけが自主的に集まる兵種だった。

さらにいうと、村上隊の騎馬武者も「われ劣らじ」と「五騎、三騎、十騎、二十騎」で飛び出している。合計すれば三八騎となるが、そうは数えられていない。これはかれらが個人として、ほうぼうから飛び出したためだろう。

小笠原からの攻撃でも古武者「七、八十騎」が敵勢の背後を襲っているが、七〇か八〇か曖昧な表現となっているのは、軍記の筆記者が手抜きをしているのではない。戦国時代の軍記は玉石混交だが、『大塔物語』など足利時代の軍記文学は基本的に高度の教養——特に漢籍の知識——を有する知識人の手からなっており、言葉の選びようにも相応の意図が読み取れる。これらまっとうな軍記では軍勢の人数を「〇〇余騎」「〇〇余人」などと記す。「およそ」であることを誠実に表現しているのである。

騎兵の話題に立ち返ると、足利時代の軍勢には定数の兵種別集団がなかったと考えられる。つまり「五〇騎隊」などのキリの良い数で常設された騎兵隊は存在せず、毎回ブレのある人数が勢い任せで機動していたのである。

騎馬武者は馬上戦闘だけでなく下馬戦闘も行った。中世における正規の戦闘員は「騎」の単位で数えられたが、いつも必ず乗馬しているわけではなかった。たとえば千田信頼が「一番に馬を引き寄せ」たとあるように、馬は戦闘が始まるまで引き寄せられるところにいた。長秀の馬廻「曼荼羅一揆」も、敵勢が迫ると下馬して人の壁となり、長秀を守備した。

足軽（「足白」）と呼ばれる歩兵もいたが、当時の足軽は必ずしも最下層の雑人を示す階層用語ではない。先述した四条畷合戦でも「佐々木道誉が前面に畳楯《じょうだて》を五〇〇帖立てて並べ、足軽の射手八〇〇人を馬からおろし、その背後に騎馬勢が控えた」記事が『太平記』にあるように、当時の足軽には馬に乗れる身分すなわち武士階層もいたことがわかる。

今回、負傷した長秀の攻撃再開を「むずとすがり引留《ひきとめ》」て阻止したのも屈強の足軽たち（「究竟之足白共」）だった。最下層の人々が守護職にある御大将を力ずくで意思変更させることはないだろうから、ここでの足軽は身分ではなく歩兵の総称だっただろう。

弓を使う精兵もまた歩兵だった。「精兵手垂《てだれ》の射手《いて》共百五六十人」と描写され、「騎」ではなく「人」で数えられているためである。人数表現が「百五六十人」とブレ付きであることから、やはり定数の編成でないことがうかがえる。かれらは「究竟之足白共」に守備されながら射撃を行った。

四条畷合戦において佐々木道誉の部隊を振り返ってみると、最前面を楯兵五〇〇が守備し、下馬した弓兵八〇〇が並び、騎馬勢一二〇〇が続いていた。大塔合戦における小笠原長秀隊もこれを想起させる編成となっている。いずれも騎兵の攻撃と対策を重視する編成である。

中世の部隊編成に一定の様式があったとして、それは徳川時代に定型化された高度な陣形ではなく、一部隊が、楯兵・弓兵（下馬した歩兵）・騎兵（時に下馬する）で構成される三段

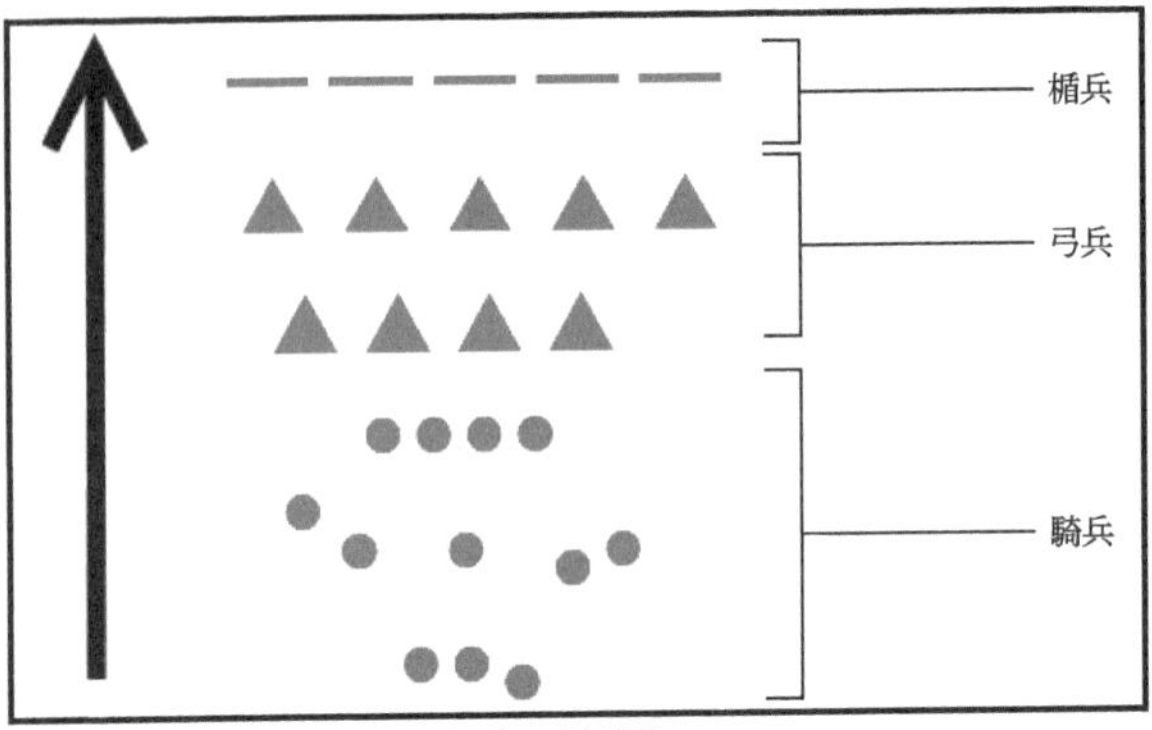

（図13）中世日本における部隊の編成例

の構え程度のものだっただろう。一応の兵種別編成があったといえる（**図13**）。

中世における兵種別編成の萌芽

兵種別編成は戦国時代になってから誕生したとされるが、足利時代の前期にもその萌芽を認めることができるのだ。そもそも兵種別編成とは、文字通り「兵種別」の集団で野戦隊形をなす「編成」であった。

兵種ごとの「横陣」が複数並び、「縦陣」を構成する。主軸は騎兵にあり、奥部には「馬廻」と呼ばれる大将および大将を警護する騎兵の親衛隊が置かれた。

馬廻は長秀の馬廻のように「真ん丸」に固まる傾向があり、永禄三年（一五六〇）の桶狭間《おけはざま》合戦でも敗北した今川義元の馬廻が三〇〇騎で円形に固まり、大将を警護したことが『信長公記《しんちょうこうき》』に記されている。馬上の大将を中心に円陣を組むのが普通だったから「馬廻」

だったのだろう。こうした騎兵を主軸とする兵種の多層的な重なりが当時の兵種別編成であった。

楯兵と弓兵の組み合わせは元中《げんちゅう》八年・明徳二年（一三九一）の京都における戦乱を記す『明徳記《めいとくき》』（上巻）にも見られ、「三百余騎の兵ども、一度にはらりと下り立って、楯を一面に衝《つ》き並べ、射手の兵三百余人」が左右に展開したり、「甲《かぶと》三百騎計《ばか》り下り立って、南面に楯をマバラに衝き立て、その合間合間に切っ先を並べ、鎮まり返っていた」とする描写がある。もっとも楯兵は常に楯兵だったわけではない。たとえば『応仁記《おうにんき》』（巻第三）の蓮池合戦では、敵城に迫った一〇〇～二〇〇帖の楯兵が楯を捨て、鑓を手に白兵戦を行っている。

楯兵・弓兵・騎兵からなる兵種別編成による戦術は多様で、ひとつには楯兵が弓兵を守りながら、進退を重ね、敵勢を攻撃し、頃合いを見て騎兵が突撃して勝負を決するものがあった。対する相手は騎兵で迎撃することもあれば、下馬して戦うこともあった。

足利時代の合戦には素朴な兵種別編成が認められるが、戦闘の様式は一定でなく、兵種自身が柔軟にその性格を変えて、楯兵が鑓兵になったり、騎兵が歩兵になったりすることのある不定型のものだった。

正規の戦闘員は騎兵だった

まとめを述べる前に、中世の軍勢が騎兵中心だったことを補足しておきたい。

足利時代の軍記から気づかされるのは戦闘員の単位が「騎」で数えられていたこと、そして楯兵も弓兵も騎兵が下馬して構成されていたことである。中世における正規の戦力は原則として騎兵であった。

そして騎兵が下馬することなく騎兵として戦うとき、武士としての真価が発揮された。

この時代の合戦の特徴として、しばしば騎兵の集団が遠距離戦闘を介することなく、戦闘を仕掛けるようすが見られる。

先の『大塔物語』では騎兵の戦闘を見てもらったが、『応仁記』(巻第一)にも、文明九年(一四七七)に畠山政長と畠山義就《よしなり》の若江城合戦において、政長に先陣を申し付けられた味方が「政務なら承るが、合戦の先陣はやりたくない」といって嫌がるので、岡部弥六と弥八の二騎が自発的に「先陣は大事の物ぞ」と敵勢に一番乗りを仕掛け、数刻戦って討ち死にし、その後も対する義就が「自身太刀」を手にして切り込み、政長隊を崩すなどの場景が見える。

足利時代の騎兵は頻繁に接近戦を行った。中世の騎兵は、「馬上+飛道具」ではなく「馬上+衝撃具」で戦っていた。

それぞれ「われに続け」「応」と少数が自主性で動く散兵戦術を常としており、大勢が密集して突撃するものではなかった。騎兵に騎兵が応戦する例も多かった。

もし騎兵が密集して迫ってくるなら、弓兵の一斉射撃が有効だっただろう。だが少数が自由に動くのだから、どれがどこに迫ってくるかわからない。圧倒的な数の弓兵を全方面に揃えるか、限りある数の弓兵を適時に適所へ移動させて運用するほかにない。

しかも全身を甲冑に守られて移動する騎兵たちは、よほど強力な弓矢か、急所を狙って命中させる技量がなくては打ち落とせない。

現に『大塔物語』の小笠原隊は、村上隊から突撃した合計三八騎の騎兵に対し、二〇〜三〇帖の楯兵に守られる一五〇〜一六〇人の弓兵が迎撃に出たものの、七〜八騎しか打ち落とせていない。しかも打ち落とされたのは、防具に守られない顔面か馬体に矢を受けた騎兵だけである。甲冑を着用した騎兵一騎は歩兵の二〜三人で対応できる相手ではない。そこで騎兵に騎兵が当たる戦術が展開される。中世の武士の間で騎兵による太刀打ちが盛んになった理由はここにあるだろう。

集団戦に、個人の武技と剛毅が生きていたのが、足利時代の特徴であった。

定型の陣形が存在しなかった中世

さて、ここまで戦国時代が訪れる前の武士の合戦を見てきたが、ついに定型の陣形が現れることはなかった。

明徳二年（一三九一）からの戦乱を記した『明徳記』（上巻）に、将軍足利義満が京都の内《うち》野《の》に布陣したとき、「四堆《しつい》（四惟とも）の陣」なるものが使われたという記録がある。

わざと中央を広く空けて、もし敵が一方を攻め破って裏へ切って入ったら、諸方の陣より真ん中に押し込めて、一人も漏らさず討てとの謀《はかりごと》なり。張子房《ちょうしぼう》が秘せし四堆の陣とは是《これ》なるべし。

もっともらしいことを言ってはいるが、「四堆の陣」なるものはほかに使用例を見ないので、大将が後付けの説明で調子よく述べたものだと思われる。

また、応仁二年（一四六八）の山名宗全と細川勝元の騒乱において、山名方の太田垣新兵衛《おおたがきしんひょうえ》が夜久野《やくの》で戦った「但州《たんしゅう》合戦之事」の記録（『応仁記』巻第三）でも、「魚鱗」と「鋒矢」の名が見える。

大将（内藤孫四郎ら）らしい旗が二流、屈強の勢ども魚鱗に連なって、広い野中にあるのが見えたので、「味方は小勢だが、どうする」と思案していたところ、太田垣新兵衛と行木《なめき》山城守《やましろのかみ》が「続けや者ども」と鋒矢の形になり、切っ先を揃えて打ちかかった。（敵勢がこの）猛攻を恐れて散りはじめるころ「得たりや賢《さか》し」と大将らしい人物に切りかかった。

敵が密集しているのを「魚鱗」とし、味方が勢い任せに進むのを「鋒矢」と形容している。ただそれだけの記述で、ここでの陣形もやはり定型には見えない。つまるところ、中世の武士は定型としての陣形を思い描くことすらなかった。代わりに登場するのは、不定型の「概念」であり「言葉」としての陣形であった。陣形の名前は「鳥雲の陣」などのように中国の兵法書に因むものもあれば、「魚鱗」「鶴翼」をはじめとする物の譬えからなる用語も使われた。

陣形が定型を持たなかった理由はそう複雑ではない。もともとそうしたモデルが異国や古典に存在しなかったのと、それを実用する規律ある軍隊がなかったのである。

中世の武士は私兵の寄り合いに過ぎず、そこには基本となる部隊教練も存在しなかった。中国では孫子の時代からあった「前を向け、左を向け、右を向け、後ろを向け」（「孫子呉起列伝第五」『史記評林巻之六五』）や、律令制時代の『貞観儀式』に見えるような各個動作が訓練されたようすが見られない。布陣する際に兵種と作戦を定めたあと、「われに続け」「われ劣らじ」の情緒的進退が幅を利かせた。武士は組織としてよりも、個人として戦うことを是としたのだった。

第四章　武田氏と上杉氏にあらわれた陣形

中世の軍勢から近世の軍隊へ

前章では中世の陣形を見てきた。そこには定型がなく、昨今理解される陣形とは実相が異なることを確認してもらった。

中世の武士は「なんとなく古代にあったらしい、中国にもあるらしい陣形」を曖昧に認識していたが、実形までは把握しておらず、軍勢の配置を改める際、経験則によって、「これは何々の陣」などと呼ぶに留まっていた。原因のひとつは武士の軍勢が私兵の集まりだったことにあるだろう。上位の大将は大小の私兵を連れる領主ごとに部隊を組ませて、配置を定めることまでしかできなかった。それゆえ人数を定めたとおりに固める行いが難しかった。

だが、戦国時代には改善の兆しがあらわれてくる。大名たちが自身の私兵を増員させたためである。戦国時代には足軽・雑兵など非正規の戦闘員が台頭した。かれらの多くは戦乱が生んだ難民や牢人だったが、非正規戦闘員であるがゆえに、領主別編成の原理から自由な傭兵として利便性が認められた（西股二〇一五）。それと同時に大名たちは外征と内圧を強めて直轄領を増やしていった。これにより大名自身の私兵が増強され、これまた領主別編成見直しの土壌となっていった。

ここに「軍勢」が「軍隊」として大名に再編成されていく姿を見ることができる。

越後上杉氏と甲斐武田氏の軍事改革

ここからが本題となるかもしれない。戦国時代の一六世紀、ある地域から突然変異ともいえる軍事の改革が生じた。舞台は東国の甲信越。改革を進めたのは、越後上杉氏と甲斐武田氏——上杉謙信と武田信玄である。

軍事改革といえば織田信長を想起される方も多いだろう。長柄鑓の導入と硬質な城郭の構造は先駆的だったと認められるが、巷間に有名な「兵農分離」「三段撃ち」は史料的裏付けに乏しい伝説であるといっていい。それよりも重要なのは、東国の大名である上杉・武田・北条たちによる軍勢の仕切り直しである。かれらは個人の集積である「軍勢」を組織的に機能する「軍隊」へと作り変えていった。信長は東国大名のような組織的軍隊をあまり推し進めておらず、次の豊臣時代には東国大名型の軍隊編成が全国に広がっており、近世の軍事編成のおおもとが東国から生じたことが認められる。

東国大名たちはなにをどうやって軍勢を軍隊へと改めたのか。まずは三点の《中世軍の特徴》を見直してみたい。

《中世軍の特徴》

［①人数任せと少数精鋭の戦闘］

南北朝以来、人数任せの力押しが幅を利かせたが、これにより死地へと追い込まれた寡兵が善戦することもあった。その結果、壮絶に敗死する武士は名を残した。「死地」からの反攻は武士の伝統様式にまでなっていた。

［②騎兵主体・部隊主体の戦闘様式］

中世軍は騎兵が主力だった。これを充分に機能させるため、徒歩の楯兵と弓兵が前列に配されていた。ここには一応の兵種別編成が認められるが、部隊は総大将の統制に入ることなく、自分の部隊だけで進退を判断した。

［③不定型の陣形］

散兵の寄せ集めであるところの領主別編成軍は、不定型の陣形を多用した。魚鱗の陣はいわば「びっしりの陣」、鶴翼の陣は「ばっさりの陣」とでも言い換えられるレベルのもので、しかるべき形状のマニュアルや軍法は、まだどこにも存在しなかった。

戦国時代になると、右の状態を改めさせる三点の変化があらわれる。

《戦国の環境変化》
（A）鉄炮の伝来と浸透
（B）足軽・雑兵の台頭
（C）大名への権力集中

右の《戦国の環境変化》は、まず《中世軍の特徴》における①と②から変えていった。

「鉄炮の伝来と浸透」による環境の変化

最初に「（A）鉄炮の伝来と浸透」による影響から見てみよう。

天文一二年（一五四三）に南蛮式火縄銃——鉄炮——が伝来することで、従来の騎兵主体の戦術に変化が生じた。

これまでのやうな一騎討ちの戦争といふことが出来なくなつた。一人だけ前に突進すれば直《す》ぐポンとやられてしまふからである。勢ひ戦争は隊を作つて軍隊的行動を取るといふことを必要とするに至り、戦術の上に改革を齎《もた》らした。

（「鉄砲の伝来と普及」／朝日新聞社編『開国文化』・昭和四年［一九二九］）

鉄炮の威力については改めて説明するまでもないだろう。

鉄炮は伝来直後、「有力者のあいだの贈答品として使われ、あるいは鳥獣の捕獲を生業とする猟師のあいだで使用され、やがて砲術師が登場して鉄炮を軍用にたる道具とした」（宇田川二〇〇六）とされるように、その簡便さは弓にまさったと想像される。

鉄炮は、武士の戦闘を変容せしめた。畿内での初期反応を見てみよう。

鉄炮の軍用化は、まず城郭の構えを改めさせた。

> 二月十六日乙亥に又御普請始ありて、ほとなうつくり出せる尾さきを三重に堀切て二重に壁を付て其間に石を入たる。是は鉄炮の用心也。
> （『万松院殿穴太記《ばんしょういんどのあのうき》』）

足利義晴《よしはる》は天文一九年（一五五〇）二月一六日、銀閣寺の裏山に中尾城を築いた。当時の将軍は大名軍により京都を逐《お》われることがあったので、城を堅固に構えなければならなかった。中尾城には「鉄炮の用心」として、二重の土塁に石が混ぜられた。

これは鉄炮の存在が築城に影響を与えた最初の例だろうとされる。当時の鉄炮の威力を鑑みれば、ここまでする必要はなく、ほとんど「過剰防衛」であるという（宇田川二〇〇六）。人々は鉄炮の威力をまだよく把握できていなかったようである。

その後も鉄炮への過剰な反応は続く。

同年五月四日、中尾城を築いた義晴は城に入ることなく病死。七月一四日、死後の混乱に乗じたものか、三好長逸《ながゆき》・久介《きゅうすけ》父子と十河一存《そごうかずまさ》の軍勢が京都に入り、義晴の遺児（義輝）を擁する細川晴元らを脅かした。ここで晴元は「足軽百人計《ばかり》」をぶつけた。この戦闘を見物した公家（山科言継《やましなときつぐ》）は、世にも珍しい事件を目にした。

細川右京兆（晴元）人数足軽百人計《ばかり》出合、野伏（小規模の野戦）これあり。きう《久》介与力一人鉄―（鉄炮）に当死、云々。（『言継卿記《ときつぐきょうき》』天文一九年七月一四日条）

三好久介の「与力一人」が「鉄―」（鉄炮）によって「当死」したというのである。一〇〇人規模の戦闘で、鉄炮により殺されたのはたったの一人。それがわざわざ特筆されているのは、非日常的な新兵器が、畿内の戦場で初めて人を殺傷したためだろう。現代でいえば人工知能のロボットが初めて人を殺傷したのに近い衝撃があったのではないだろうか。

鉄炮の威力は当時未知数で、弾丸がどこまでの貫通力があるかもまだよくわからなかった。ただひとつだけ言えることは、鉄炮の前では武士特有の武技と剛毅の優劣が通用しないことであった。

これまで「われに続け」と飛び出した勇者を倒すのは、優れた射手か、相応の腕を持つ太刀打ちであった。だが、鉄炮は名もなき足軽にも使える。これで「①人数任せと少数精鋭の戦闘」と「②騎兵主体・部隊主体の戦闘様式」のありようが変化を求められていく。騎馬武者が飛び出して敵勢を圧倒する戦術が封殺されるからである。ここに武士が武士である所以ともいえる騎乗して戦う様式が存続の危機に陥ることとなる。

「足軽・雑兵の台頭」と歩兵の充実

そこであらわれたのが「(B)足軽・雑兵の台頭」である。かれらは非正規の戦闘員だった。史料上に登場したばかりのころ、「足軽」は「軽装備の戦闘員」程度の意味で使われていたが、やがてそれは階層としての傾向を強めていく。時代とともに「足軽＝武士ではない出自の戦闘員」に内実が転じたのである。足軽・雑兵は、戦争難民の落し子ともいわれ、足利時代末期に度重なる戦争で、居住地を逐われた人々がその戦争に傭兵として入り込んだものと推測されている。奪われる側から奪う側になったのだろう。

かれらは正規の戦闘員ではないから待遇はお世辞にもいいとはいえず、使い捨ての兵力として消費されていった。かれらは領主別編成のような散兵（少数精鋭）の原理に属していないから、ある意味で利便性が高い。武技と剛毅ひいては名誉を求めない仕事をさせられることになる。こうして非正規戦闘員の足軽・雑兵は兵種別編成を促進する存在として急浮上するのだった。

かれらは「旗を持って広がるだけ」、「鑓をもって集まるだけ」といった単純ながら負荷の高い作業の編成に多用され、組織戦に使い勝手のいい歩兵として活用されていく。おかげで雇用主である大名たちは歩兵を自由に再編し、兵種別編成を固めることが可能となった。

史料でもってその一例を見てみよう。

㊤　四十五人、此内《このうち》四十人具足
　　右の内
一持道具　　弐本
一弓　　　　五張
一鉄放　　　壱挺
一持小旗　　壱本

一乗馬　五騎
一長柄　三十一本
此内五本、子の在府に就き赦免《しやめん》す。
以上、
右、この如く召し連れ、軍役勤《ぐんやくつと》められるべく候《そうろう》ものなり。
壬戌《みずのえいぬ》
十月十九日
大井左馬允《おおいさまのすけ》殿
（『戦国遺文《せんごくいぶん》　武田氏編』八〇四号「武州文書《ぶしゅうもんじょ》」）

右は永禄五年（一五六二）に武田信玄が、家臣の大井左馬允に対して連れてくる動員人数と武装内容を定めた軍役定書《ぐんやくさだめがき》である。
武装内容について説明すると、「持道具」は歩戦あるいは騎戦にて使われる手鑓のことで、集団戦ではなく個人戦の武器として使われた。「弓」はそのまま弓である。「鉄放」は「鉄炮」である。砲術に通じている者が好まれた。「持小旗」は縦長の幟旗《のぼりばた》である。武士が背負う「旗印」と異なり、腕力のある歩兵が背に装着し、先端からのびる紐を手で持って、部隊の進退を定める合図とされた。次に「乗馬」は騎兵のことである。そして「長柄」はポールウェポンである。接近戦に不向きと思えるほど長い（5メートル以上の）鑓や長刀《なぎなた》が使われた。長柄武器の使い方はさまざまに言われるが、武士の武器ではなかっただろう。その証拠に武士が個人で操って敵勢を圧倒したとする伝承は残されていない（いわゆる「一番鑓」は長柄の働きではなく、「持道具」つまり手鑓による功績を示す）。長柄は足軽・雑兵が敵勢を足止めするために集団で構えて使ったと見るべきだろう。

これらの武装と人数を信玄が定めたとおり集めるのは、武士だけでは難しかったはずである。信玄は精鋭を連れて来いとは言っておらず、集団行動に従ってくれる人員が揃えば誰でもよかった。大井氏は足軽・雑兵をかき集めて軍役に応じたであろう。

傍証として、永禄年間の史料を見ると、武田氏は鉄炮を「悴者《かせもの》・小者等」が扱い、弓を「同心・被官」が扱うものとして記録している（則竹二〇一〇）。

弓を使う「同心・被官」は正規の武士だが、「悴者」は最下層の侍であり、天正一二年（一五八四）四月二日付「木曾義昌掟書」に、武功を立てれば「中間《ちゅうげん》ならば悴者に成し、百姓（※出自が武士でない階層の者のこと）ならば中間に成すべきこと」と記されていて、当時の立ち位置を確認できる（下村・山中一九八八）。悴者はいわば武士見習いで名字を持っていたが、中間は武士に仕えるが名字を持たなかった。そしてその下にいるのが「小者」で、かれらも名字を持たなかった。以上のことから鉄炮の扱い手には身分の低い者が少なからず混ざっていたことが理解できる。

なお、半世紀ほど時代がくだった承応《しょうおう》二年（一六五三）版『侍用集《じようしゅう》』に目を転ずると、「弓・鉄炮」は「雑兵」「下々」で構成されていたという。戦国時代の歩兵は武士より下の階層すなわち足軽・雑兵が大勢を占めており、ついには弓をも扱うように変化していったようである。

非正規の戦闘員である足軽と雑兵の台頭は、歩兵の兵種を細分化する兵種別編成の普及に一役買ったことだろう。

「大名への権力集中」による軍事編成の変化

そして「(C) 大名への権力集中」が軍事改革の土壌となった。

明応の政変（一四九三）を経て、各地方に一国規模の領土を長期的に支配する大名たちが領国体制を固め、国法や軍制を整備することによって、一六世紀ごろ疑似国家的な勢力——すなわち戦国大名に転身するという様相が生じてくる。

特に伊達、上杉、北条、武田、織田、徳川、毛利、長宗我部、島津などといった複数の国を領有する強大な大名は、直属兵すなわち旗本の増強に注力し、大名の部隊だけで作戦行動が可能なほどの兵力を有していた。

直属兵の増員は、占領した領地を直接支配するか、あるいは親族や近臣、子飼いの武将を置き、本来そこに伝わる一族の名字を継がせるなどして推進された。武田家でいえば教《きょう》来石《らいし》出身の人物が馬場氏の名跡を継承し、馬場信春を名乗った例があり、信玄の五男が信濃の仁科《にしな》氏を継承して仁科盛信を称した例もある。

すでにある独立的な領主の家系に大名の側近、あるいは家族が養子として入れられることも少なくなかった。上杉家でいえば樋口与六《よろく》が越後屈指の大家である直江氏に入り、直江兼続《かねつぐ》となった例が有名だろう。謙信の小姓だった吉江与次にいたっては越後中条氏の養子として遺領を継承し、中条景泰《かげやす》を称したものの、のちに戦死するまで本領経営にあたった形跡が見られない。

なかには大名が馬廻のバックに立つことで本来の継承者を差し置き、強引に家督継承権を曲げさせる例もあった。織田家でいう前田慶次と前田利家の関係がそれである。

大名の「御恩」を直接受ける子飼いたちは、あたえられた知行に応じて軍陣に「馳走」する。かれらは「わが召し連れた兵で独自に動き、武功をあげてみせますぞ」といった領主別編成の原理を離れ、「これだけの兵を連れて来ました。さあご再編くだされ」と大名に動員した兵を捧げたであろう。すると大名は多数の兵を兵種別編成方式で再編することができる。

このようにして武士史上でもほとんど初めて、兵力の運用を根本から改める土壌が整ったのである。

二極的な軍事改革

右の土壌がある程度築かれたころ、変化の兆しが甲越の二大名にあらわれた。

上杉謙信と武田信玄である。

両者は先に述べた《中世軍の特徴》が《戦国の環境変化》によって軍制を改める土壌を獲得し、改革の推進が可能になった。

戦国大名は、「①人数任せと少数精鋭の戦闘」、「②騎兵主体・部隊主体の戦闘様式」、「③不定型の陣形」といった混沌を克服して、中世の軍勢を近世の軍隊へと進化させることが可能になった。

両者がどのように中世の「軍勢」を近世の「軍隊」へと改めたか。

ここからは上杉氏と武田氏にあらわれた陣形の実相を見ていただくが、まずは武田信玄が近世的な軍隊を整え、「陣形」にはじめて定型を与える経緯から述べていこう。

軍書『甲陽軍鑑』が有する史料価値

メインの史料として軍書『甲陽軍鑑』を扱うが、まずはその史料価値について断っておきたい。『甲陽軍鑑』には誤った記述も多く、一時期「偽書」の悪評を甘受させられたことがあり、眉に唾する人が多い。だがではなぜ疑わしいと思うのかを問われると、その根拠を答えられる人は意外と少ないのではないかと思う。

過去には「山本勘介は実在しない」「春日虎綱《とらつな》は香坂であって高坂弾正《こうさかだんじょう》昌信を称しているのはおかしい」「長篠合戦にいるはずのない長閑斎が本陣にいるのも不審」などの批判が「偽書」説を支えていた。しかし右の批判はすでに反証がなされている。

山本勘介の実在は近年疑いのないものとなっており（海老沼二〇一三）、著者としてある署名の「高坂弾正」も、同時代史料の上杉景勝書状（『上越市史』一五二八号。今福匡氏のご教示による）に「高坂弾正」の名前が確認できるので『甲陽軍鑑』の史料価値を否定する根拠としてはもはや効力を失っている。長篠合戦のとき戦場にいなかった長閑斎は、長坂「釣閑斎」ではなく今福「長閑斎」であることも判明している（平山二〇一四など）。さらには国語学者・酒井憲二氏の精力的な業績（酒井憲二『甲陽軍鑑大成』）や黒田日出男氏による見直しがあり、もはや単純な偽書説は成立しなくなっている（黒田二〇一五）。

そもそも『甲陽軍鑑』が懐疑的に見られたのは、同時代の古文書・古記録、あるいは『信長公記』のような由来がわかりやすい文献に比べ、その成立背景が明瞭でなかったことが問題だったためである。しかし今日ではその由緒も解明・整理が進められ、はじめ武田信玄の遺臣高坂弾正が初稿を認《したた》め、ついで甥の春日惣次郎《かすがそうじろう》らが書き継ぎ、さらに小幡景憲《おばたかげのり》の手を経て、徳川時代初の元和《げんな》七年（一六二一）までに刊行されたことがほぼ明らかにされている（小和田二〇〇六・黒田二〇一五）。

また、本書が刊行された元和年間は大坂落城からさほど時を経ておらず、戦国の生き証人も数多く残っていた。昨今まで強かった偽書説や批判もそれぞれ反証可能なものであり、編者である弾正、惣次郎、景憲らがともに戦国の空気を体感していることも鑑みれば、その内容が強い説得力を有することは疑いようがない。

もちろん記憶違いや聞き違いによる誤った記録もあろうから、慎重な扱いを要するのに変わりはないが、徳川時代も半ばを過ぎたころの、三次史料であるところの稗史《はいし》・小説のような読み物と一線を画す史料であることは一次史料主義者でも理解しているところである。

史料価値が問われてきたのは、伝承される由緒の実態と、一部疑わしい記述の真否の確認が必要だったからで、これらはいずれも検証が進んでいる。そこにいたるまで長い年月を要したが、いま『甲陽軍鑑』は、右の問題が解決に近づいている現況を鑑みて、過去のように軽視していい史料ではなくなっている。

無年号の古文書を見て、「この古文書は年次がないから、史料として使えない」と主張する研究者はいない。年次の検討も研究者の仕事だからだ。自戒を込めていわなければならないが、わずかばかりの曇りをもって史料の価値をゼロか一〇〇かといった二択問題で論じるのは、避けたほうがいいだろう。曇りがあれば投げ捨てるのではなく、じっくりと磨き上げ、その背景を明らかにするべきで、『甲陽軍鑑』は先学の蓄積で磨きあげられた史料として認めておくべきだろう。

織田氏の軍事・合戦の研究で『信長公記』が有用であることはいうまでもなく、桶狭間合戦の研究にまで重視される『甲陽軍鑑』もまたその有用性を認めるべきだろう。

山本勘介の「八陣」

ここで陣形の登場とその誕生秘話を見てもらおう。

戦国時代にはじめて陣形の本格的設計が検討された場面を求めれば、『甲陽軍鑑』にある次の場面を掲出するべきだろう。

天文一六年（一五四七）二月、武田晴信（信玄）のもとに召された山本勘介は軍法・備《そなえ》の立て方について上申した（『甲斐志料集成九』二〇二頁）。

『軍林宝鑑《ぐんりんほうかん》』という本にあるという「諸葛孔明八陣の図」を、御屋形様のお手前でご工夫なさり、諸人に理解できるようにやわらかくなさるのが理想かと存じます。唐の軍法には、魚鱗・鶴翼・長蛇・偃月《えんげつ》・鋒矢《ほうし》・方向《ほうよう》・衡軛《こうやく》・井雁行《せいがんこう》というのがあり、「これはいい」(是よき) などといわれますが、その中身を理解している人は日本にいません。

晴信(信玄)公はこれをだれにでも理解できるよう作り直すべきです。

勘介は「是よき」とされながらも、国内で使われていない「唐《から》の軍法」である「諸葛孔明八陣」を研究して導入するよう提案した。ここで注目したいのは、これまで見てきた「魚鱗」や「鶴翼」が、体系的な陣法のひとつとして語られていることである。

これらにたしかな出典があるかのような語りだが、勘介のいう『軍林宝鑑』(一三世紀・金施子美撰。別名『軍林兵人宝鑑』)の「諸葛孔明八陣」には左の図があるのみで、「魚鱗」や「鶴翼」といった名称はどこにも見えない(**図14**)。

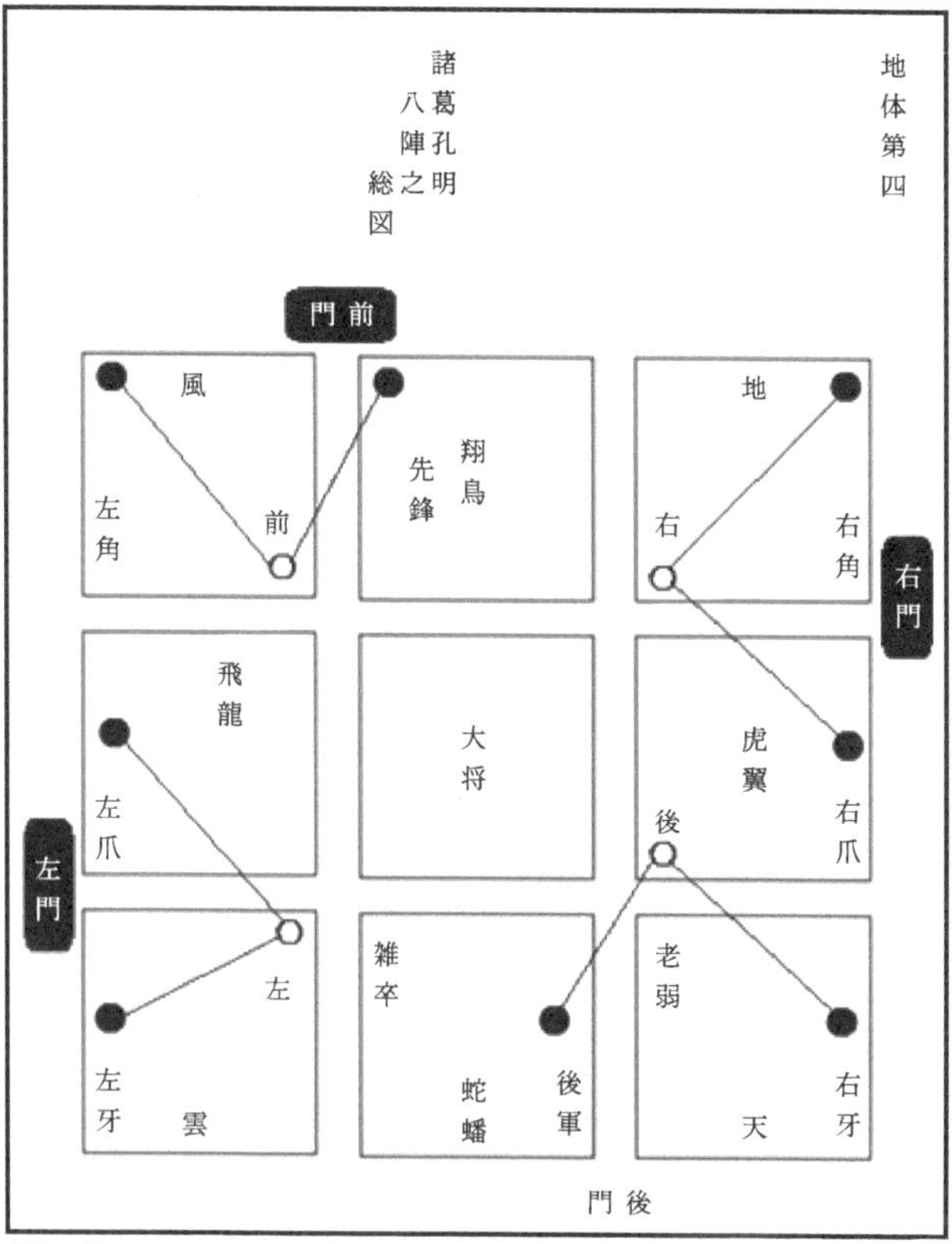

地体第四
諸葛孔明
八陣之総図
前門
右門
左門
後門
風
前
左角
翔鳥
先鋒
地
右
右角
飛龍
左爪
大将
虎翼
後
右爪
左
左牙
雲
雑卒
蛇蟠
後軍
老弱
天
右牙

(図14)

勘介は、何をもって「魚鱗」や「衡軛」などを「八陣」のうちに含めたのだろうか。
勘介が上申する一〇〇年ほど前の史料を見ると、「八陣」がどのように想像されていたかを探る手がかりがある。「享徳から文明」（一四五二〜一四八七）の作とされる（吉沢一九四三）『鴉鷺《あろ》合戦物語《かっせんものがたり》』である。そこには当時「八陣」について三系統の概念があったことが記されてある。

一つめの系統は、諸葛亮の八陣図で、「天・地・風・雲・飛龍・翔鳥・虎翼・蛇蟠《しゃはん》なり」と紹介されている。これは『軍林宝鑑』の八陣図（図14）と同じく大将の本陣を囲む正方形の八部隊と同形と思われる。ただし勘介の主張と異なり、陣形の種類の数が八つあるから「八陣」なのではなく、大将以外の部隊が八つ並ぶことから「八陣」なのである。「諸葛孔明」に由来するという部分以外で、勘介の述べる八種類の陣形と共通するところは何もない。なお、同様の理解は、より古い史料の『応永記』応永六年（一三九九）一〇月一三日条に「諸葛亮が呉国を討取んとて江によりて、天・地・風・雲・飛龍・翔鳥・虎翼・蛇蟠の八陣を造し」とあることから、一四世期末までに有力だったことが推量できる。

二つめの系統は、唐代の知識人李善《りぜん》（六二〇頃〜六九〇〔富永一九九六〕）の『雑兵書』に出典がある「八陣」で、「一曰方陣、二曰円陣、三曰牝陣、四曰牡陣、五曰衝陣、六曰輪陣、七曰浮沮陣、八曰雁行陣」と紹介されている。こちらは八種類の陣形を示しており、名前が堅苦しい漢語である点を除いては、勘介の述べる「八陣」の概念に近いように思われる。

三つめの系統に、張良が編み出したという「八陣」として、「魚鱗・鶴翼・長蛇・偃月等の陣」が紹介されている。四種類だけ名前があげられ、残りは「等」で略されているが、名称が和製漢語であること、残る四種類の名前がぼかされていることから想像すれば、確たる出典があるのではなく、口伝による創作陣形と見ていいだろう。これは前章で述べたイメージとしての陣形、「びっしりの陣」「ばっさりの陣」に該当しており、中世前期に実用された陣形は基本的にすべてこのカテゴリに含まれる。ということは、張良が創作したとする伝承も当然疑ってかからなければならない。後付けの作り話と見ていいだろう。

勘介が上申した「八陣」の概念は、明らかに三者を折衷したものである。李善のいう八種類の陣形に、張良由来と伝わる和風の名称を重ね、さらにこれを「諸葛孔明八陣」と冠することで、「諸人」が理解しやすい八種類の陣形を打ち出したことになる。

ちなみに同時期、勘介は晴信に「その方は物の本、四五冊もよみたるか」と聞かれ、「一冊も読申《よみ》さず候」と八幡宮に誓文を立てたと『甲陽軍鑑』品《ほん》第二十七に記されている。つまり勘介は「それがし、実は軍学を体系的に学んでおり申さぬ」と神明にかけて告白しているのである。

八陣のカラクリはここで解ける。出典の『軍林宝鑑』をたしかめ、勘介の告白を見れば、すべてが冗談のような代物だとわかるようになっている。ここに『甲陽軍鑑』の茶目っ気を感じるべきだろう。「諸葛孔明八陣」などと称しながら、実はそれは耳学問や由緒の怪しい伝聞を独自に統合して偽造したものだと、熱心な読者にはわかるようこっそり書き添え、楽屋裏から舌を出しているのである。なんと誠実な史料であるだろうか。

戦国初の「八陣」あらわる

晴信は創作した陣形をどのように使ったのだろうか。

同年（天文一六・一五四七）一〇月、武田軍は越後の長尾景虎（のちの上杉謙信）軍と対峙する。このとき勘介は敵の構えを「鋒矢と相見え申し」と看破した。もっとも実際に長尾軍自身が「鋒矢」のつもりで兵を並べていたかどうかは不明である。ただ、そう「相見え申し」と言葉にすることで、現状理解を「巧遅」から「拙速」へと進ませる効果はあっただろう。

ここで勘介は味方の陣形についても進言する（『甲斐志料集成九』二一五頁）。

御味方の備は方向《ほうよう》になされ、一手《ひとて》・二手《ふたて》にてわけてあとを偃月《えんげつ》とあそばし、敵方をとやの働かざるは五町（約五四五メートル）、御右に是《これ》は鋒矢御尤《ごもっとも》に候。御はたもと《旗本》のあとは雁行とさせられ懸りて待給へ。

文意は読み取りづらい。その内訳も次のごとく詳述されるがやはり難読である。

山本勘介申上る。御右の方に五町斗《ばかり》へだて飯富殿。御先は右の方一小山田備中、信州侍にはあひ木・一友野・平尾・一岩尾・一みゝとり・一平原・一望月新八郎・一よら・一あした合て十頭。左は郡内の小山田左兵衛、先方侍には一長くぼ左衛門・一内村・一和田・一ふく澤・一小曾甚八郎・一塩尻五郎左衛門合て七頭。中の御先は栗原左衛門、先方侍には一わた同・井上・一深田・もろが合て五頭。御旗本前備は一真田弾正、此くみ一丸子・一屋さは、是は御旗本一手なり。御後は一馬場民部・一内藤修理・一日向大和守・一勝沼殿・穴山殿・一典厩、此六頭をば御後より左へ雁行に。一原加賀守、此一頭は九十騎にて、御跡備引のけて遠く立る。

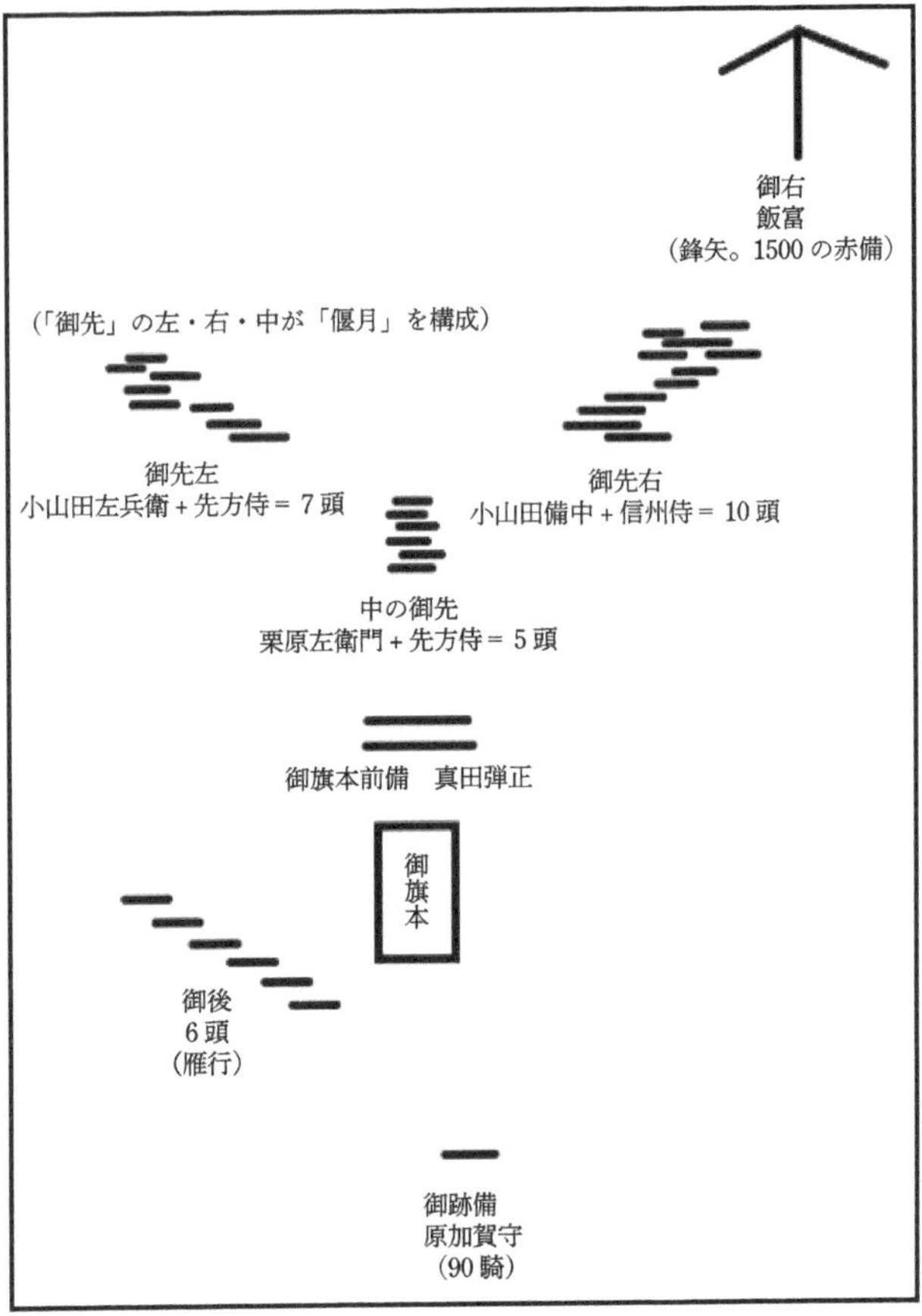
御右
飯富
（鋒矢。1500の赤備）
（「御先」の左・右・中が「偃月」を構成）
御先左
小山田左兵衛＋先方侍＝7頭
御先右
小山田備中＋信州侍＝10頭
中の御先
栗原左衛門＋先方侍＝5頭
御旗本前備　真田弾正
御旗本
御後
6頭
（雁行）
御跡備
原加賀守
（90騎）
（図15）

勘介の主張を図示すると右のようになるだろう（**図15**）。

文章から読み取れない部分は想像で書き起こしたが、図示することで晴信の軍勢が単独の陣形でなく、複数の陣形によって構成されていることが確認できる。

勘介が「だれにでも理解できるよう作り直すべきです」と述べたのはこのためだった。つまり、部将たちが自分の部隊にすぐ定型の陣形を組み立てられる仕組みを目指したのである。

晴信は勘介の進言を容れ、陣形の単純素朴なルールとシステムを作り、それぞれの部隊が定型の陣形を実用できるようにした。今回の場合、「御右」が「鋒矢」をなし、「御先」の左・右・中が「偃月」をなし、「御後」が「雁行」をなしている。

勘介と晴信は「八陣」の概念をだれにでもわかるように練り直すことで、部隊ごとに陣形を定める軍法を創出せしめた。定型に基づく陣形は、日本ではこれが初演となる。ここでやっと「戦国の陣形」と呼べるものが登場したのである。

信玄の軍制改革と東国大名の先進性

定型の陣形が誕生した背景には、晴信の並々ならぬ熱意があった。

信玄（＝晴信）公、分別・才覚の真似をもって、工夫・思案して唐国《からのくに》諸葛孔明陣をとりしき、備えを設け、城を構えらるる儀、尋ねてこれを習い、陣取りを大小二つにしてその外、人数備・三ツの構え・数の働きようを仕《つかまつ》り、わが子孫ばかりでなくだれであろうとも、扶桑戦国にあたるにおいて、数万の衆を将《ひきい》て軍《いくさ》をやるに、疑いを定めさせまいらせんがための信玄が軍法、この如くと宣《のたま》うなり。（『甲陽軍鑑』品第四十）

晴信は、諸葛亮が使ったとされる布陣・築城の兵法を学び、陣立について「人数備・三ツの構え・数の働きよう」を整備することで、日本人ならだれにでも使える新しい軍法を作ろうと企んでいたというのである。

「軍法は、先《まず》当代四大将よりは始《しま》る」として、武田信玄・上杉謙信・北条氏康・織田信長の名をあげている（品第四十）。

右の記述を裏付ける同時代史料として先に大井氏の例で掲出した「軍役定書《ぐんやくさだめがき》」がある。編成する兵の動員人数と武装内容を指定する様式の文書「軍役定書」は、戦国時代では武田氏、上杉氏、北条氏にしか認められておらず（則竹二〇一三）、四大将のうち三者は先進的な軍制を整えていた事実があるものと考えられる。

その証左として、「軍役定書」からはじまる、動員人数と武装内容を指定する軍制は徳川幕府にも採用され、全国規模化している。

［東武実録］

一、是月（六月）被仰出軍役の積、

軍役之定

一、五百石　鉄炮壱挺　鑓三本但持鑓共、

一、千石　鉄炮弐挺　鑓五本但持鑓共、

弓一張　騎馬一騎

一、二千石　鉄炮三挺　鑓五（十ヵ）本但持鑓共、

弓二張　騎馬三騎

一、三千石　鉄炮五挺　鑓十五本但持鑓共、

弓三張　騎馬四騎

旗一本

一、四千石　鉄炮六挺　鑓廿本但持鑓共、

弓四張　騎馬六騎

旗一本

一、五千石　鉄炮十挺　鑓廿五本但持鑓共、
　　　　　弓五張　　騎馬七騎
　　　　　旗二本
一、一万石　鉄炮廿挺　鑓五十本但持鑓共、
　　　　　弓十張　　騎馬十四騎
　　　　　旗三本
　　元和二年辰六月日
（『大日本史料』一二編二五　二三〇～二三一頁）

右は元和二年（一六一六）に幕府が定めた軍役の基準である。領主の石高に応じて兵種と兵数の指定がなされているが、こうした指定を行う戦国大名はかなりの少数派だった。たとえば四大将のひとり織田信長は、重臣の佐久間信盛が兵の動員人数を増やさないことにひどく立腹している。

●知行を与えたので、（兵の動員）人数を揃えると思っていたら、知行の在地武士を理由もなく追い出し、しかも跡目にだれかを入れれば人数が確保できるのに、（新規の家臣を）一人も召し抱えず、金銀をたくわえてばかりいる。言語道断である。

●（佐久間が）自分の譜代家臣に加増してやり、与力を添えてやって、新たに侍を召し抱えていれば、こんな失態（戦功の不足）もなかっただろう。

●与力（味方）ばかり当てにしている。どこかへ遣わしても与力だけで軍役を勤め、自分の侍を召し抱えず、知行を無駄にして保身をよしとしている。

右は天正八年（一五八〇）八月、信長が信盛父子に宛てた折檻状（『織田信長文書の研究』八九四号）を一部現代語訳したものである。信長が怒っているのは、信盛が兵の動員人数を増やしていないことである。

比して武田氏では、さかのぼること八年前の元亀三年（一五七二）、信濃葛山《かずらやま》衆に対して軍役を課しているが、徹底した武装の指定が行われている（『歴代古案』巻五）。

また上杉氏では、天正三年（一五七五）に大規模の軍役帳を作成しており、越後一国に対し動員人数と武装内容の指定を達成している（「上杉氏軍役帳」）。

ところが織田氏では、譜代の重臣ですら兵の動員人数を定められておらず、「もっと兵を増やせ。お前は意識が低いぞ」と精神論で言い聞かせている。

こうした事実から、動員人数と武装内容を指定する軍制においては、武田氏・上杉氏・北条氏が織田氏をはじめとする諸大名よりも先進的だったことが見えてくる。『甲陽軍鑑』における信玄の大言壮語も、一定の信憑性を有するだろう。

そもそも定型の陣形は人工的なものであり、自然発祥するものではない。信玄は国内の実情を鑑みながら、中国の兵法書や古典を調査し、あらたな軍法を定め、それまで不定型だった陣形に、独自の定型を与えたのだろう。

天文一六年の海野平における合戦の存否

ここで気になるのは天文一六年（一五四七）、武田晴信が長尾景虎と信州海野平《うんのたいら》（長野県上田市国分）で初めて戦ったとされる記録の信憑性である。

この合戦はほとんど忘失されており、たとえば近年の研究成果を反映する『上杉氏年表』『武田氏年表』では採用されていない。しかし当合戦は一次史料との矛盾が指摘されたことがあるわけではなく、実証によって否定されたことがない。

戦前の歴史論争で、川中島合戦の戦闘回数が二回か五回かで歴史学者たちの見解が異なり、五回説の是非が何度も問われた。『川中島五箇度合戦之次第』『川中島五戦記』など、書名に川中島を冠する軍記類が、一戦目を天文二二年（一五五三）一一月としていたことも議論の幅を狭める遠因となっただろう。そうするうち戦場が川中島の地より南方に離れた海野平であることも手伝って、蚊帳の外に置かれてしまったのである。

だが実際には『甲陽軍鑑』が記すように、武田軍の侵攻に対する村上義清《よしきよ》が越後の長尾景虎に援軍を要請し、この時期に両軍が信州で激突していた可能性は高い。

というのもかつて「『高白斎記』にない部分を、『軍鑑』に頼って詳述することは大きな危険を犯す」（磯貝一九七七）と警鐘が鳴らされた際、『高白斎記』（信玄家臣である駒井高白斎の日記。『甲陽日記』とも）に記載のない部分は要検証であると指摘されたのだが、その『高白斎記』天文一六年条に海野平合戦が明記されているのである。

十月十九日午刻、信州於海野平、長尾景虎と晴信公、初て合戦、武田方御勝利

一〇月一九日の正午、信濃の海野平において、長尾景虎と晴信公がはじめて合戦し、武田方が御勝利した——と書かれており、天文一六年の海野平合戦を疑う材料はどこにもない。漠然たる印象のみで看過するのは史料に対して誠実ではないだろう。

もうひとつの近世的軍隊による戦果

信玄と対極的なもうひとつの脱中世的な軍隊を創出したのは上杉謙信であった。

ことのはじまりは村上義清である。

武田軍の侵攻に対した義清は物量差に圧倒され、滅亡の日が近づいていた。起死回生の機会を求めるべく、義清は自ら出陣。塩田原《しおたはら》にて合戦が展開された。『妙法寺記』の天文一七年（一五四八）条に村上軍の善戦ぶりが伝わる。

此年二月十四日、信州村上殿近所塩田原と申所に而《て》、甲州晴信様と村上殿、合戦被成候、［中略］御上意（晴信）様にかせでをおひ被食去間一国の歎き無限去共、軍不止、

《訳》

この年二月一四日、信州の村上殿の近所・塩田原（長野県上田市塩田平ヵ）というところにて、甲州の晴信様と村上殿が戦をなされました。［中略］晴信様は戦傷《かせで》を負いめされ、さる間甲州の歎きは限りがなかったのですが軍《いくさ》は止みませんでした。

なんと総大将の晴信に戦傷を負わせたのである。晴信は一命をとりとめたが、義清はどのような手を使って晴信を負傷せしめたのだろうか。『甲陽軍鑑』に義清が使ったという隊形と戦い方が詳しく記されている。次にこれを見てみよう。

村上義清の必勝隊形

追い詰められた村上義清には、もはや後がなかった。

そこでついに、ある隊形と戦術を実用した。

まず勝敗がどうあれ「晴信討つべし」との念を強める「武篇《ぶへん》の者共」で二〇〇騎の騎兵隊を編成し、これに徒歩の鑓持ちを二〇〇人付けた。徒歩のうち一〇〇人は長柄の鑓を武装した。また、足軽二〇〇人のうち一五〇人を弓隊（矢を一〇本ずつ所持）とし、五〇人を鉄炮隊（一人玉薬を三つずつ所持）とした。臨時の兵種別編成をなしたのである。

しかもこれらは「放て」「馬上に鑓を渡せ」といった号令による一斉行動が事前に定められていた。足軽衆には五人に一人ずつ指揮官が置かれ、かれら指揮官は個人の旗指物ではなく、「一」文字で統一された部隊の旗指物を着装していた。このような配備は前例がなかった。

塩田原にて合戦が開始されると、義清は隊形と戦術を計画通りに実用する。

両軍が激しく戦闘を繰り広げている最中、その脇から旗本隊を率い、全軍の戦局を顧みることなく、右に記した六〇〇人余りの人数で武田軍旗本へと殺到したのである。

ここで旗本同士の戦闘が開始された。はじめ弓隊一五〇人が矢を放ち、次に鉄炮隊五〇人が銃撃した。矢弾が尽きるとかれら足軽二〇〇人は抜刀して斬り込みをかけた。義清自身も間髪入れず精鋭の騎兵隊二〇〇騎と長柄隊一〇〇人に号令をかけ、晴信に太刀打ちせんと猛進した。

これが中世では史料上はじめて兵種別の兵が連携して戦った例となる（**図16**）。

義清が使ったのは、力ずくで大将の首を狙う——たったそれだけを狙う単純な隊形だった。おそらく一回限りの使い捨て戦法として荒勝負を仕掛けたのだろう。

思い通りに行けばまず間違いなく総大将と渡り合える必勝の隊形であった。

気前よく「つよき弓」「ぎむ《吟味》じたるよき矢」を足軽に配り、当時まだ高価で流通も乏し

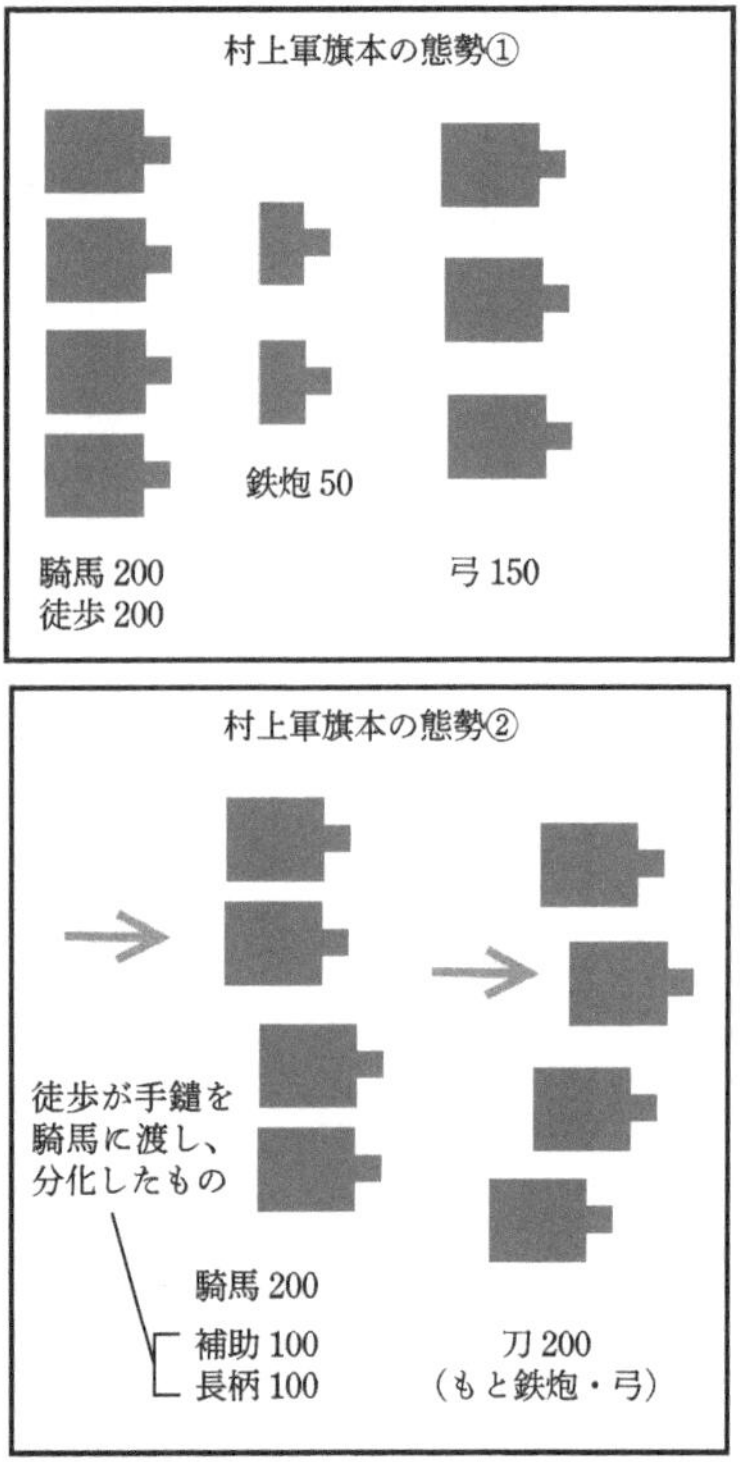

（図16）

い鉄炮と玉薬を存分に使わせる。さらには命を捨てた「二ツなく、晴信と打果し申べき」と思いつめた精鋭を集め、「能馬をえらびてのせ」、これに「いかにも事にあひ付たる、年盛りの男をえり出し」、徒歩衆として騎兵隊の補助に加え、これに警護された自分自身が信玄に斬り込む——。義清自身が命がけなのだから、周囲も全身全霊で突き進むほかにない。これ以上の決戦隊形は編み出しようがないだろう。

当時鉄炮は人々を恐怖させる未知の兵器だった。流通する絶対数も少なく、まだ個人の武器として認識されていた。それをこのように集団運用したのは義清がはじめてだっただろう。何せ三年後の畿内では鉄炮で「与力」が一人「当死」しただけで衆目を驚かせたほどである（『言継卿記』）。寄せ集められた鉄炮の集中砲火は驚異的で、鉄壁の集団をバラバラの個人に分散させるのに大きな効果があったに違いない。

ところで旗本同士の勝負の結果はというと、村上義清が晴信の旗本に馬を乗り入れ、「大将とおぼしき人と、太刀を合せ」たと伝わっている（『甲陽軍鑑』品第二十八）。

義清の隊形——「陣形」は「軍勢の配置」で、「隊形」は「兵の配置」である——はきわめて強力だった。「軍法」によって裏打ちされているはずの陣形と隊列を突き破り、信玄本人を負傷させたのである。実際に大将同士の一騎打ちがあったかどうかは不明だが、誰だろうと相応の武技をもった武者が信玄に斬り込めば、義清独自の隊形は有効性が証明されたことになる。ただ晴信を討ち取ることのみを目的とする隊形は、単純ながらも画期的で実用的だった。ただしそのリスクは高かった。この戦いで弓・鉄炮ばかりか貴重な人材を大量に失った義清は、態勢を整えなおした信玄によって信濃を逐われることになった。

敗れた義清は越後に逃れ、上杉謙信に支援を求めなければならなくなった。

正戦思想の上杉謙信

大国越後は軍資金が潤沢で、「謙信の貯置《ため》かれたる金子《きんす》共」も莫大だったという（『甲陽軍鑑』品第五十四）。謙信は青苧《あおそ》の輸出や日本海貿易の収入だけでなく、日本屈指の金山・銀山を保有しており、富裕な大名だったとされている（竹村二〇一〇）。さらに合戦に対する思い入れと自負心は人一倍であったというから、軍事力に費やされたヒトとモノは多大なものだっただろう。

武田や北条には経済的に困窮していた逸話や史料が残されているが、謙信にそのようなものはなく、むしろ朝廷や幕府に気前よく贈り物を捧げたり、敵地へ物売りに向かう商人に「足元を見て値段を上げるな」と言い聞かせたりと、気前のよかったようすが伝わっている。謙信には豪華な作りの遺品が多く、かなり富裕だったといえるだろう。

しかも「公儀」と「筋目」を重視する性分で、幕府再興の理念に燃えており、今日でいえば「世界の警察」を自任する米国のごとき「正戦思想」（正しい戦争と正しくない戦争があるとの考え）をもっていたようだ。

そこに「助けて欲しい」と懐に飛び込んだのが先の村上義清だった。義清は信玄と争ったときの隊形と戦術を、若き国主に伝えた。「このように工夫して戦いました。にもかかわらず最終的には国を逐われてしまいました」。話を聞いた謙信は闘志を燃やした。

謙信の合戦観は「国取りに構わず、後途《ごと》の勝にも構わず、眼前の戦に専念いたす」の一言にあらわされている。野心や戦略にとらわれず、戦闘そのものに専念する。これが「武篇者」を自任する謙信の信念だった。

ここで中世軍事史を一変させる出来事が生じた。

謙信は強い信念と大量の物量でもって、村上義清が一回限りで使った隊形を常備の隊形として取り入れてしまったのである。義清の隊形はたしかに必勝の隊形だった。しかしこれを常用とするには大将の意欲と、人材と資材を使い捨てにできる潤沢な物量が必要となる。大国越後を支配する若き当主にはすべての条件が揃っていた。この力を正戦のために使い、天下に名を轟かせたい。そうした素朴な思いが謙信を奮起させただろう。

このようにして信玄討ち取りに特化する軍隊が産声をあげたのである。

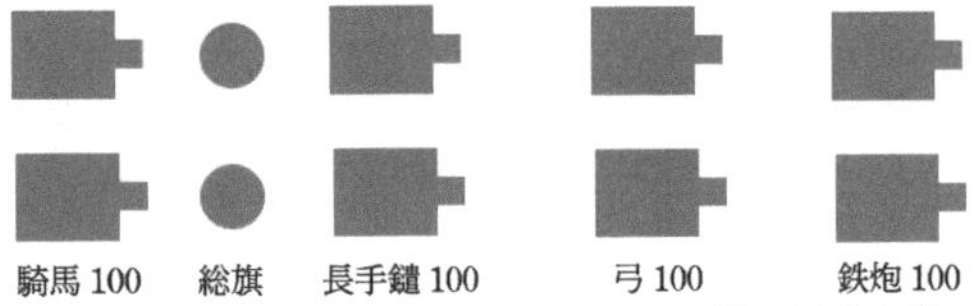
騎馬100
総旗
長手鑓100
弓100
鉄炮100

(『上杉家御年譜』より)

※左右に50人ずつ並んでいる。
「総旗」は明軍由来の語で、50人を率いる指揮官を意味する。

(図17) 上杉謙信の旗本前衛部

謙信の旗本編成

ここで謙信が丹精込めて創りだした旗本の編成を見てみよう(図17)。

上は『上杉家御年譜』および『謙信公御書集《ごしょしゅう》』に記されている謙信旗本(「御馬廻之軍列」)の前衛部である。原本は現存しないが、川中島合戦で用いられた陣立として伝わっている。なお、「行列の大概《たいがい》、この如く。所により変化《へんげ》これ有り」と記されており、兵種の順番はしばしば改められたようすが読み取れる。旗が先頭に立ったり、弓と鉄炮が入れ替わったりしたのである。

隊形の目的は義清と変わりがなかった。信玄の首を狙う、ただそれだけのための編成であり、それ以上でもそれ以下でもない。味方の軍勢でもって敵軍を足止めさせ、その間に総大将自身が旗本を率い、敵の旗本を襲撃し、総大将を討ち取るのである。

もっとも村上軍と上杉軍の編成には少しだけ違いがある。謙信は弓よりも鉄炮を増やし、長手鑓を独立の兵種としているのである。鉄炮が多いのは経済力の違いによるものだろうが、長手鑓（長柄）を新設した理由は何であろうか。

義清はその場限りの一発勝負で、飛び道具を使い捨てにした。だが、謙信の旗本は継戦能力を重視した。鉄炮と弓は射撃を終えても、それを投げ捨て白兵戦に突入させるのではなく、飛び道具を後退させ、かわりに長手鑓の徒歩兵が即座に突進する態勢を取らせたのである。鉄炮と弓を温存させる考えが根底にあったのだろう。

さてこれを受ける武田の旗本側に思いを巡らせてみよう。普通に考えれば、旗本は司令塔の役割として機能すればそれでいい。「後途の勝」すなわち戦略的勝利にこだわる信玄は、旗本そのものを戦力化しなくてもいいと判断したのだろう。しかし義清や謙信は違っていた。戦略を戦術によって覆さんとしたのである。

敵の喉元である旗本へ鉄炮と弓を大量に浴びせたあと、長手鑓でもって押し乱し、選りすぐりの騎兵で突撃を仕掛けた。このような攻撃を受けた信玄は、義清と謙信によって繰り返し負傷させられた。このままでは命がいくつあっても足りない。何らかの対応を取らざるをえない。こうして信玄は陣形を発展させるよりも、隊形の整備に注力することとなる。

兵種別編成は旗本同士の合戦に備えた編成

旗本同士の勝負や大将同士の一騎打ちは、お伽噺のように思われがちだが、実際には環境さえ整えばいつでも起こりうる戦闘だった。

謙信の盟友だった近衛前久《さきひさ》は謙信宛ての書状で、川中島合戦の勝報を喜ぶとともに、謙信が「自身太刀打ち」をしたのは「珍しからざる儀」だが、比類のない「天下之名誉」だと誉め称えている（「近衛前久書状」）。ここで重要なのは、謙信の「自身太刀打ち」を「珍しからざる儀」だったと述べているところである。謙信が戦場で自身太刀打ちに及ぶのは珍しいできごとではなかった。つまり常用の戦術だったわけである。

謙信の戦いぶりを賞賛したのは前久ばかりではない。宿敵の信玄もまた、「太刀においては日本無双の名大将」と述べている（「甲州教雅書状」）。ここでは「太刀においては」と断っているところが重要である。単に合戦に強いだけなら「太刀」という言葉は選ばれなかっただろう。当時、合戦の慣用句は「弓箭」か「弓矢」だったからである。ところが、ここでは珍しくも「太刀」と表現されている。これは謙信の接近戦に限定して誉めているのだろう。信玄の思いを忖度《そんたく》すれば「弓矢（合戦）は誰よりも自分が得意だが、あいつの太刀（接近戦）は日本一だった」と認めてやっていたわけである。接近戦とはいうまでもなく直属兵（馬廻や旗本）を使っての戦闘のことである。

そしてその「自身太刀打ち」を可能にしたのが「五段隊形」（五兵種からなる部隊編成。徳川時代に「五段の備」「五行の座備」などと呼ばれた隊形の総称としたい）であった。

この隊形が多用されるにおよび、対する武田氏と北条氏でも兵種別編成の軍隊が常備化されることになる。襲う旗本が隊形を整えるなら、襲われる旗本も隊形を整えなければならなかった。

東国の三大名に「軍役定書」の文書があらわれるのは、すべて川中島合戦以降であることに注目しなければならない。これらは先の義清や謙信のように旗本の兵種を揃えて戦う隊形を整えるため発せられたと見ていいだろう。鉄炮には鉄炮、弓には弓、鑓には鑓で立ち向かうのが有効である。そこで武田氏と北条氏も謙信同様、兵種別に整えた五段隊形を採用したのである。

ここで見えてくるのは、村上義清が切り開いた臨時の兵種別編成からなる五段隊形が、謙信に受け継がれて常備の戦術隊形となり、対抗する大名たちがこれを導入して、東国に拡散していく構図である。

その後、兵種別編成は畿内・西国にも伝播している。一番早い史料が川中島合戦から二〇年もあとの天正九年（一五八一）に作成された「明智光秀家中軍法」である。これは天正五年（一五七七）に上杉氏と織田氏との間で勃発した手取川合戦が影響しているだろう。織田軍の戦争は、総じて信長が少数の馬廻で神出鬼没に動きまわり、その場にすぐかき集められる人数をまわし、臨時に指揮して戦うのが基本だったが、光秀はそこに限界を感じていたのではないか。

天正一〇年（一五八二）に信長と光秀が斃《たお》れ、豊臣秀吉の時代になると、全国の諸大名は兵種別編成の軍役と陣立を導入した。これは天下統一が達成されることで、諸大名の相互交流が進んだためだろう。

武田信玄と上杉謙信の衝突から発展した兵種別編成の軍隊、五段隊形はこうして日本全土に展開されていったのである。

五つの兵種を連携させて戦う五段隊形は、国内ばかりか国外でも高い戦果を残した。

文禄元年（一五九二）、豊臣秀吉は諸大名の軍勢でもって朝鮮半島に進出した。初期の戦況は日本に優位だったが、朝鮮の官軍は日本軍の編成を分析し、その「陣法」を学んで対抗する措置をとった。

文禄五年（一五九六・宣祖二九）二月一七日、訓練都監は「殺手児童」を増員し、「倭人の陣法を学習」させた（『宣祖実録』巻七二）。そのときの倭人すなわち日本の武士が使っていた陣法は左のものだった（**図18**）。

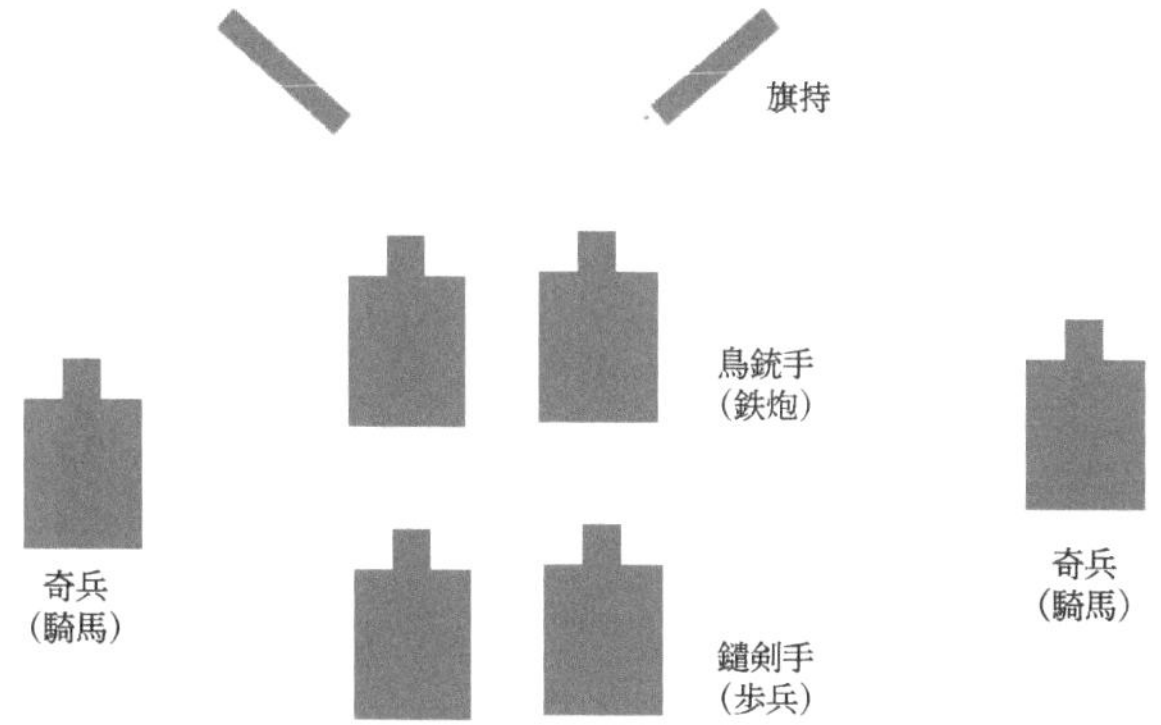

敵味方が接近すると、引率役の旗持が左右に開き、鉄炮が銃撃を開始する。その後、歩兵が前進して押し合いを行う。その間、旗持が奇兵とともに迂回して、包囲攻撃を展開する。

（図18）朝鮮史料における日本の陣法

「旗持が最前列、鳥銃手が二列、槍剣手が三列と三段に構え、その左右に奇兵を配した。戦いがはじまると、最前列の旗持ちが左右にひらいて、二列目の銃手が発砲し、頃合をみて槍剣手が突撃する。そのあいだ左右にひらいていた旗持軍が両方から、左右の伏兵が敵の背後にまわって包囲する」（宇田川二〇〇六）

鉄炮のなかには弓もまざっていただろう。

これこそが東国から広まった陣法の完成形である。もっとも謙信のように総大将が突撃する様式は一般化しなかったが、兵種別編成の新戦術はすでに常用されていた。

そして五段隊形は徳川時代のはじめ、元和二年（一六一六）に徳川秀忠が「軍役之定」によって基準を定め、幕末まで普遍の編成とされるにいたっている。

義清がこの隊形を初めて実用したとき、信玄と相打ちすることまでは考えていても、まさかこれが日本の軍制基準となるとまでは想像していなかっただろう。

第五章　川中島・三方ヶ原・関ヶ原合戦の虚実

有名な合戦布陣図を再考する

前章まで日本の中世陣形史をひととおり見直してもらった。これで陣形に対する認識はバージョンアップしていただけたのではないだろうか。

いわゆる戦国八陣はそのほとんどが実のないものであり、結局は「陣形」よりも「隊形」ばかりが流行して、ほとんど普及を見なかった。

新たな知識と理解を得たところで、よく知られた合戦像を見直してみると、通説の布陣図に疑問が生じてくるはずである。従来「なんとなく」で理解されていた戦国合戦のイメージが刷新されることだろう。

それではこれまでに手に入れた知識を使い、読者の皆さんと一緒に有名な合戦の通説と通念を突き破っていきたい。

本章では戦国を代表する次の三合戦をとりあげよう。

- 永禄四年（一五六一）の川中島合戦
- 元亀三年（一五七二）の三方ヶ原合戦
- 慶長五年（一六〇〇）の関ヶ原合戦

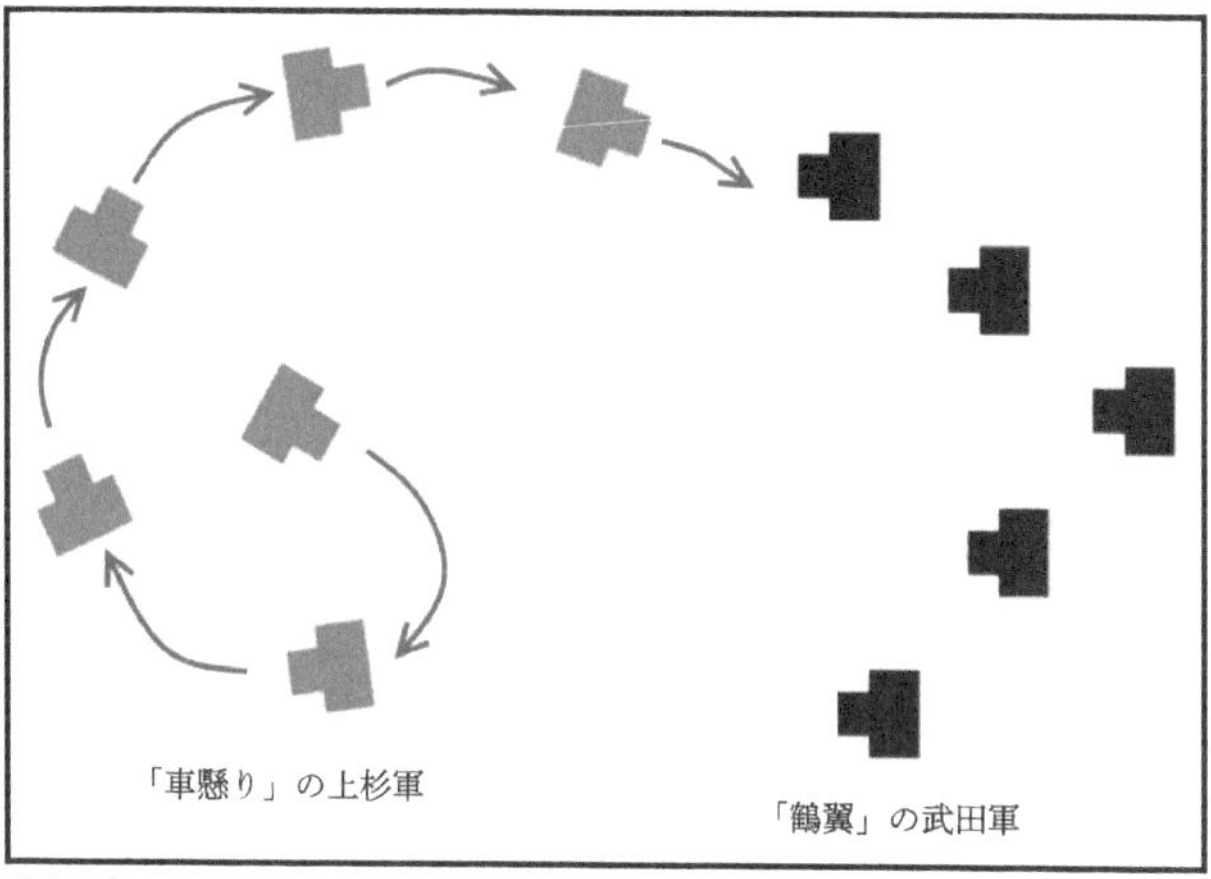

（図19）

右の合戦はそれぞれ車懸り・鶴翼・魚鱗などの有名な陣形が使われたとされ、軍勢の配置もどれも判で押したような同型の陣形図が流布されている。

だが、ほんとうにその通説通りに理解していいのだろうか。それぞれ実否を問いなおしてみよう。

[一] 川中島合戦の虚実……

川中島合戦の通説的イメージ

川中島合戦というと「車懸りの陣」とされる円形陣と「鶴翼の陣」が衝突したとする理解が一般にある。まずは通念図を示す（**図19**）。

右の布陣では上杉軍が車輪のようになり、

V字型の武田軍を叩いては引き、叩いては引く戦法を展開したと説明されることが多い。
しかし右の通念がどれほどの史料的根拠を有しているのかというと、実はこれが何もない。謙信が「車懸り」を使ったのは有名だが、陣形の名前でなかったことはあまり知られていない。少なくとも徳川時代中期より以前の文献では、謙信の「車懸り」を「備《そなえ》」（陣）ではなく「軍法」（行《てだて》）と呼んでいる。現代的に言い換えれば「戦術」である。語弊を恐れずいってしまえば、「ライダーキック」「ティロ・フィナーレ」のような必殺技名のニュアンスで受け止めるといいだろう。「車懸り」は部隊の配置ではなく、運用をあらわす戦術の名称だったのである。

いっぽう信玄の「鶴翼の陣」だが、これは『甲陽軍鑑』や『松隣夜話』など、古い文献には書かれていない。寛永一七年（一六四〇）に成立したとされる「於信州川中嶋信玄与謙信合戦之図」の布陣図を見ても鶴翼と呼べる配置にはなっていない。

山鹿素行による延宝元年（一六七三）の『武家事紀』（中巻第二十八）でも「川中島合戦図」が記されているが、やはり円形vs.鶴翼の布陣図とはなっていない（**図20**）。もし現在と似た通念が当時に広まっていたら、それを模倣するか、あるいは異説を唱える理由が付記されていたはずである。しかしそういう説明が一切なされていない。徳川時代初期には、川中島合戦が円陣と鶴翼の対立とするイメージなどまだ生まれていなかったのである。

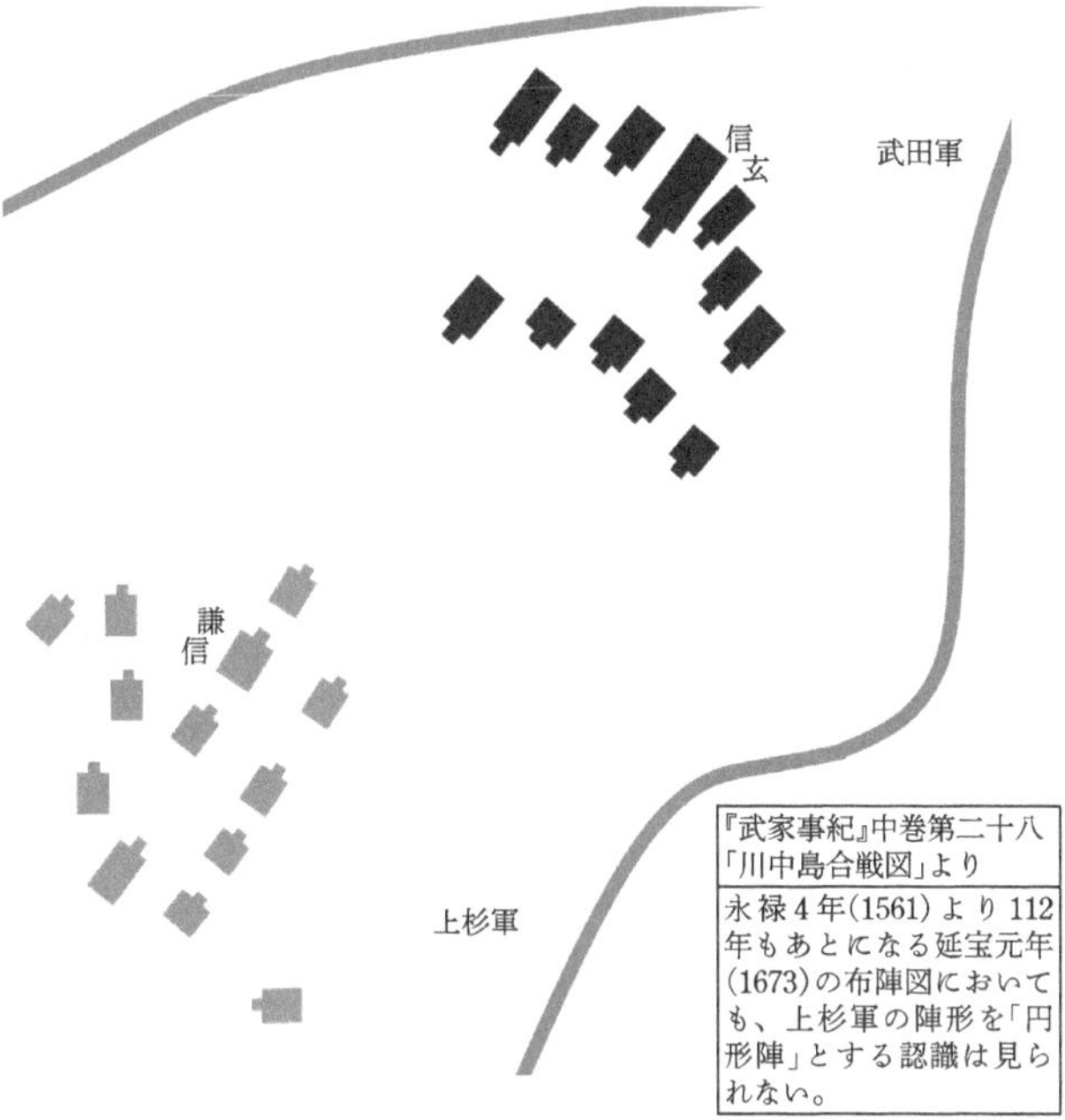

『武家事紀』中巻第二十八「川中島合戦図」より

永禄4年(1561)より112年もあとになる延宝元年(1673)の布陣図においても、上杉軍の陣形を「円形陣」とする認識は見られない。

（図20）

永禄四年（一五六一）九月一〇日の合戦が「車懸りの陣 vs. 鶴翼の陣」で展開されたとする通説は根本から疑わなければならないだろう。

武田の陣形

ではいつごろ、一七世紀の通説が現在の通説に変わってしまったのだろうか。陣形を記した文献で最初期と思われるのは『越後軍記』（成立年次不明だが、元禄年間の文献に、参考資料のひとつに挙げられているから、それ以前の成立である）である。だが、ここで信玄は

「魚鱗」の構えをとっていたとされ、「鶴翼」を使ったとは一言も記されていない。
すると「鶴翼」の初出文献は何だろうか。管見の限りでは、駒谷散人《こまがやさんじん》（槇島昭武《まきしまてるたけ》）の手による元禄一一年（一六九八）の『北越軍談』（巻第二十三）のようである。

〃惟《おもう》に是《これ》、長尾家（謙信の家）に秘する処の大長蛇《だいちょうだ》の備、車懸りと云物ござんなれ。偖《さて》は謙信今日を限《かぎり》の軍《いくさ》とこそ見えたれ。吾兵《わがへい》の粉骨殆《ほとんど》此《この》一挙にあり。味方魚鱗の備にして是に当らんは思《おもい》も寄《よら》ず。大陰変陽の格にあらずんば、須臾《しばし》も芝居を踏《ふま》へ難からん。火急の大事疾《と》く謀るべし〃と（信玄が）申されければ、道鬼（山本勘介）馬を乗廻《のりまわ》して、俄《にわか》に部伍の列を更《あらた》め、鶴翼の形となし先隊《さきて》を開て箕手《みので》となす。

信玄ははじめ「魚鱗」の陣でいたが、そこからすぐ「鶴翼」へと改めたように記されている。しかしこれは全軍ではなく信玄の本隊（旗本）だけが鶴翼に改めたようにも読める。なぜなら「先隊」が横に広がって「箕手」になったと記されているからである。全軍は「箕手」状になったのであり、「鶴翼」になったのではない。「魚鱗」から「鶴翼」に改まったのは信玄の本隊だけだったただろう。
なお、上杉軍の陣形は「大長蛇」とされている。「車懸り」の字句も並んでいるが、これは「大長蛇によって車懸りの戦術をなすつもりだ」との文意があるのだろう。

右の記述は、その後に書かれた別の軍記で参考にされたらしく、宝暦七年（一七五七）の『川中島両雄弁《かわなかじまりょうゆうべん》』（岡野禎淑《ていしゅく》）では、信玄が「俄《にわか》に彎月《わんげつ》に備を立直し」たことになっている。おそらく「箕手」と「鶴翼」の組み合わせの言い換えである。陣形を立て直したとする動きは『北越軍談』に倣ったのだろう。このように伝言ゲーム式に陣形の伝承が変容し、武田信玄＝鶴翼の陣、上杉謙信＝車懸りの陣が定着してしまったと見ていいだろう。

実際に武田が使った陣形は不明だが、もし鶴翼だったとしても本隊だけであり、それも序章で示した通り「V字型」ではなく「ハの字型」だったのではないだろうか。

上杉の陣形

さて上杉軍は車懸りを使ったとされるが、その出所となる『甲陽軍鑑』と『松隣夜話』を読み返すと、たしかに「車懸り」の動きを見せたと記されていても、「陣形」や「備」という表現はされていない。

まずは『松隣夜話』を見てもらおう。謙信軍の動きを観察した信玄は次のように述べている。

それは車掛《くるまがか》り（車懸り）とて、遠近に依《より》て、幾度目《いくどめ》に旗本と旗本と巡り合うと云う次第あり。

信玄は「それは車懸りだ。旗本と旗本とを勝負させる戦術だろう」と言っている。合戦を進めて「旗本と旗本と巡り合う」のは、前章で村上義清が使った戦術と同じである。続いて『甲陽軍鑑』（品第三十二）の説明も引用しよう。

それは、車がかりとて、いくまはりめに、旗本と、敵の旗本と、うちあはせて、一戦をする時の、軍法是なり。

ほぼ同文だが、ここでは「軍法」と記されている。この「軍法」は「戦法」（戦術）に通じる意味で使われている。もし「陣形」の言い換えなら「陣法」と記しただろう。謙信の「車懸り」は陣形ではなく、戦法・戦術の名称だったのである。

ではなぜこれが現在では陣形の名称として認識されてしまったのだろうか。

その答えは、承応二年（一六五三）成立の『侍用集』にある（**図21**）。

そこには「車懸之備」とする陣形図が記されている。もっともこの「車懸之備」には、

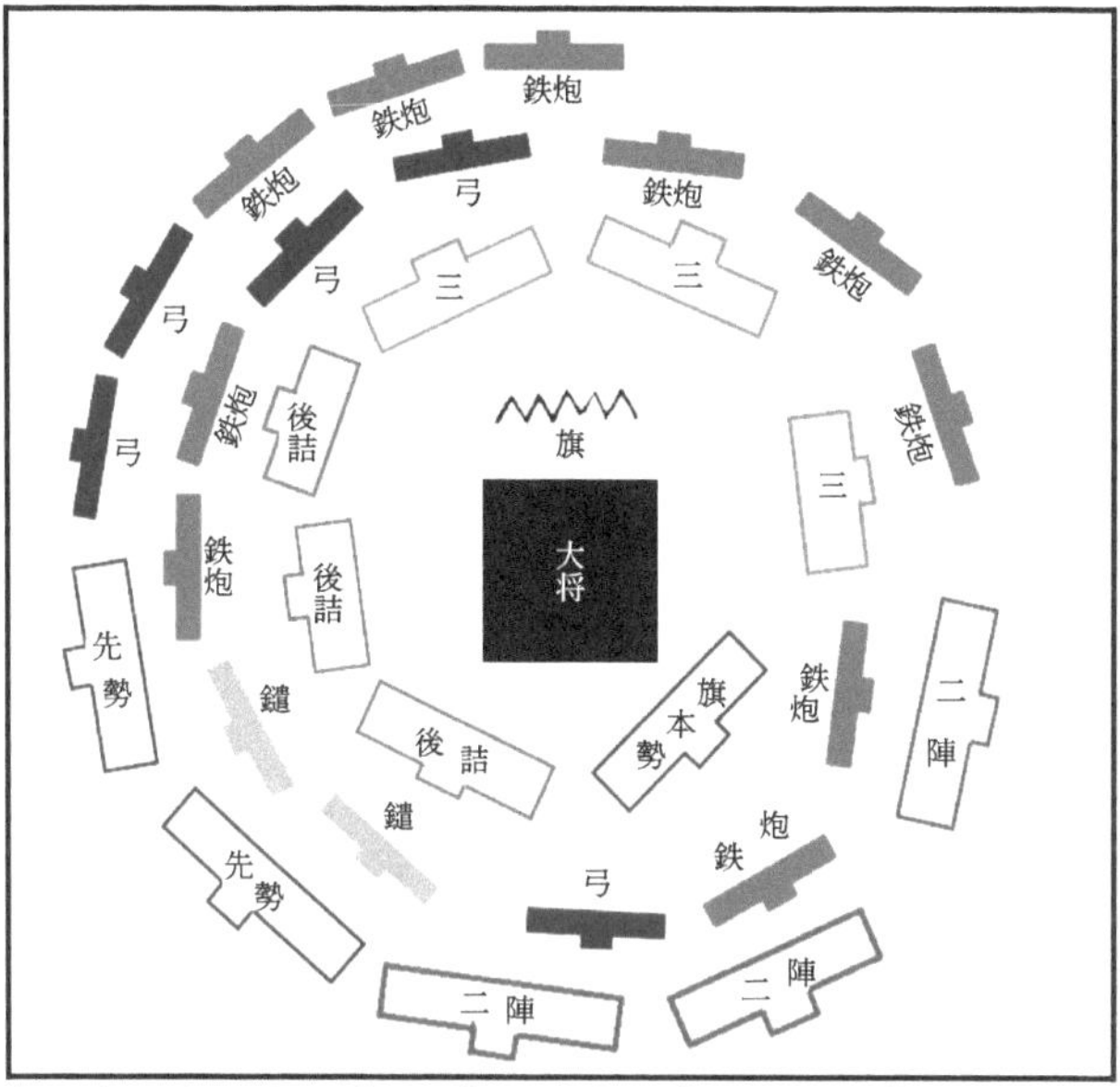

（図21）承応2年（1653）成立『侍用集［巻二］』における「車懸之備」

上杉謙信が使った陣形だとは一言も書かれていない。

　飛鳥《ひちょう》・雲龍・流行《るぎょう》・虎《こ》乱《らん》・大妄《たいもう》・井雁行直《いがんこうなおし》・車懸《くるまがかり》・輪《わ》違《ちがい》・松皮・臥龍《がりょう》・将棋頭《しょうぎがしら》・虎頭《ことう》・井《い》雁行《がんこう》・衡軛《こうやく》・方向《ほうよう》・鋒矢《ほうし》・偃《えん》月《げつ》・長蛇《ちょうじゃ》・鶴翼《かくよく》・魚鱗《ぎょりん》といった陣形のひとつとして紹介されているにとどまっているのである。

　いずれも兵種と配置が事細かに記されていて、非常に固定的な配置となっている。見るからに柔軟性の乏しさがあり、現実的な配置だとは考えられない。実用されたことのない空想上の陣形だったと考えるべきだろう。つまり「車懸りの陣」は謙信の「車懸りの軍法」に着想を得て、編み出されたものであり、徳川時代に理論上のみ存在した架空の陣形図だったのである。

だがこれを本当に謙信が実用した陣形だと思い込みたくなる誘惑が生じるのも無理はない。そうした人々の思いと語りが「謙信は（『侍用集』と同型の）車懸りの陣を使った」とする通説を形成してしまったのだろう。だが、このような架空の陣形を勝手に想定して、頭ごなしに「謙信の『車懸りの陣』は現実的ではない。だから車懸りの記述がある軍記の記述はすべて作り話である。合戦そのものも単なる偶発的接触である」との議論を展開するのは望ましいことではない。

謙信が使った車懸りは、陣形ではなく戦術だった。そしてその使用法は、前列が敵と交戦し、次列が迂回してまた次の敵と交戦する。このような動きを繰り返し、最後の最後で謙信の率いる旗本が敵本陣を襲撃するというものである。そしてそれを効率的に行う隊列として縦長の行列があり、これを見た信玄が謙信の真意を読み取り、「車懸りの軍法」だと看破したのが実相と見ていいだろう。

車懸りは車輪のように円形を組む「陣形」ではなく、縦陣になって進撃を繰り返し、側面から次々と新手をぶつけ、敵勢を拘束したところで旗本が旗本に襲い掛かる独自の「戦術」だったのである。

車懸りに敗れた八陣

最後に私見で恐れ入るが、現段階で推測できる両者の布陣図を示しておこう（次頁図22）。

信玄は開戦前に備を改めたというが、短時間で変更できるのは自分の部隊までだっただろう。もちろん旗本だけであっても理論的に組み立てられた八陣——鶴翼あるいは魚鱗——が実用された可能性は否定しない。だが対する謙信は陣形などお構いなく、敵勢全軍を拘束し、自ら信玄旗本に押し入る乱暴な戦術を駆使して、大将首を狙うことに重点を置いた。それを可能にしたのが五段隊形であった。

かくして謙信の軍隊は諸角虎光・仁科盛道・初鹿野信昌などの名だたる指揮官を緒戦で討ち取り、総大将の信玄が後退する余裕を奪った。さらには信玄の実弟や親類衆、そして八陣の考案者である山本勘介の首級をも挙げることができた。対する上杉軍の被害は軽微で、上級指揮官の戦死者も武田のレベルには出ていない。失った兵も当時の史料によれば上杉軍が三〇〇〇人余で武田軍は八〇〇〇人余だった（後世の史料では格差が埋められている）。戦果のみで見れば、上杉軍の隊形は武田軍の陣形を圧倒したと言えるだろう。理論的な武田の八陣は、特別な戦闘に特化した隊形に後れを取ったのである。

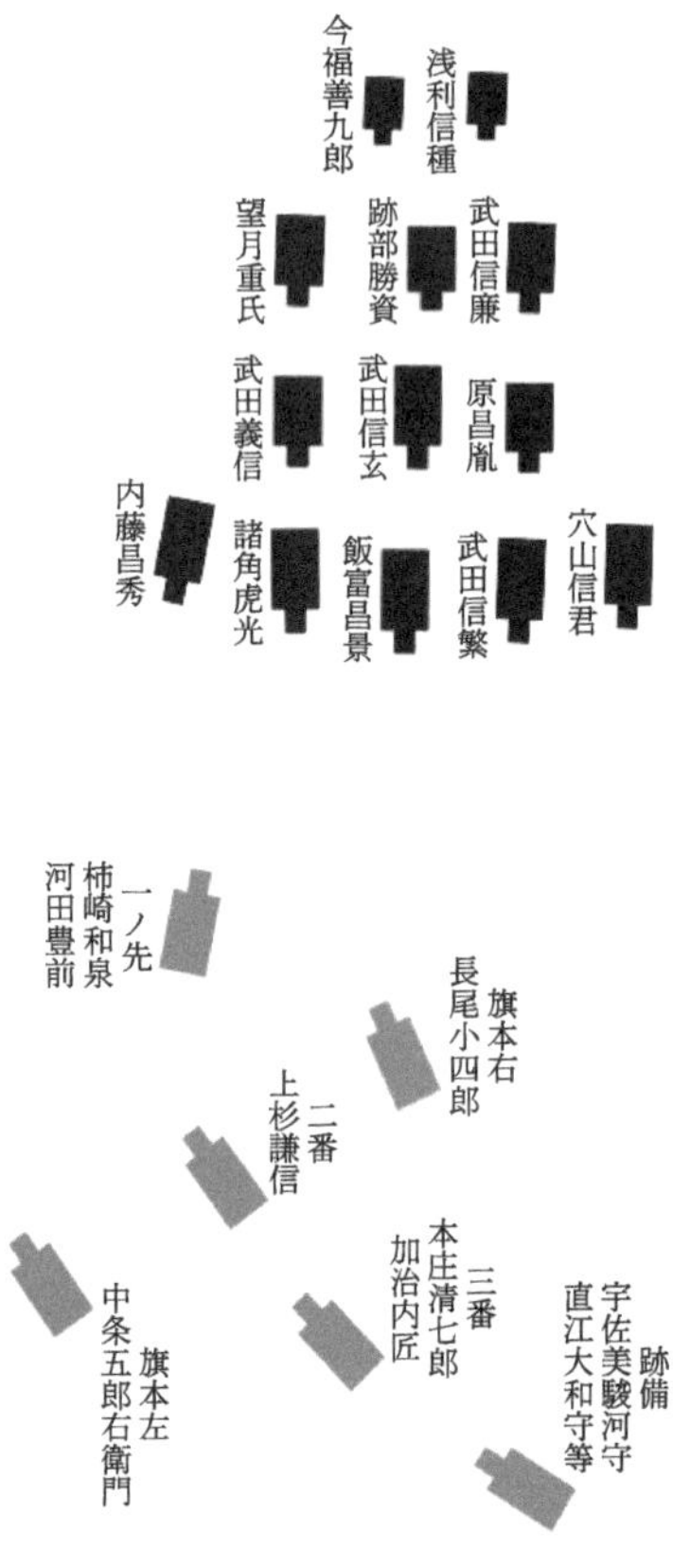

浅利信種
今福善九郎
武田信廉
跡部勝資
望月重氏
原昌胤
武田信玄
武田義信
穴山信君
武田信繁
飯富昌景
諸角虎光
内藤昌秀
跡備
宇佐美駿河守
直江大和守等
三番
本庄清七郎
加治内匠
旗本右
長尾小四郎
二番
上杉謙信
旗本左
中条五郎右衛門
一ノ先
柿崎和泉
河田豊前

武田軍一二備
八〇〇〇
(『甲陽軍鑑』)

上杉軍
八〇〇〇
(『松隣夜話』)

上杉氏寄りの古史料『松隣夜話』、武田氏寄りの古史料『甲陽軍鑑』を見ても、「車懸りの陣」「鶴翼の陣」あるいはそう読み取れる表現はない。なお、車懸りは「陣(備)」ではなく、「戦術(行)」とされている。

(図22)

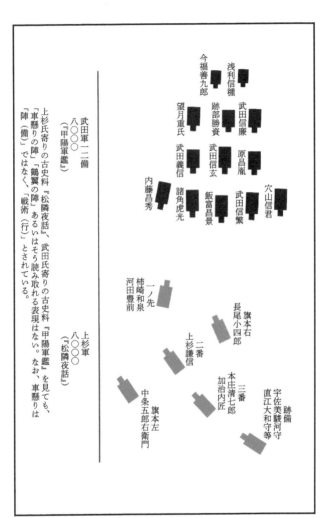

［二］三方ヶ原合戦の虚実……三方ヶ原合戦の通説的イメージ

三方ヶ原における「鶴翼の徳川家康vs.魚鱗の武田信玄」なる形での布陣図は『日本戦史』の「三方原戦図」が嚆矢《こうし》だろう（**図23**）。

元亀三年（一五七二）一二月、武田信玄は西上の軍を催し、徳川領の遠江《とおとうみ》国を侵した。徳川家康は信玄の矛先が浜松城に向かうと考え、籠城支度を進めていたが、武田軍はこれを通りすぎて三方ヶ原の台地に向かい始めた。

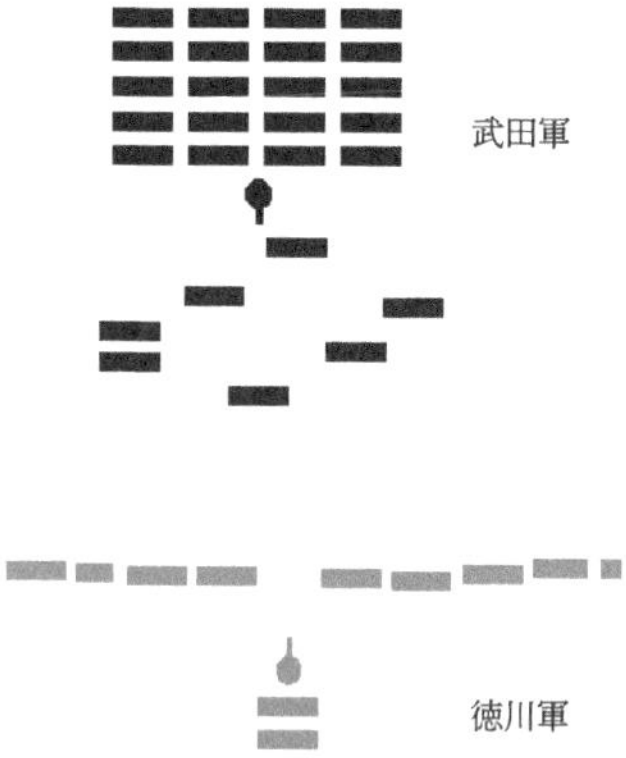

参謀本部編『日本戦史 三方原役 附表・附図』第二号「三方原戦図」布陣部分より

（図23）

武田軍の動きを知った家康は、籠城をよしとせず、信玄の背後を衝くべく軍勢を進ませた。

だが、武田軍は三万余、徳川軍は八〇〇〇以下で、その兵力差は容易に崩せるものではなかった。しかも信玄が背中を見せたのは誘いであった。傾斜によって徳川軍から死角となる地に布陣を整え、家康の到来を待ち構えていたのである。追撃のつもりで迫った家康が気づいたときには全てが手遅れだった。逡巡している暇《いとま》すらない。かくて信玄と家康の正面衝突がはじまった。三方ヶ原合戦である。

さて、参謀本部編『日本戦史　三方原役』の第二編・第四章「会戦《かいせん》」は、家康の隊列を「其《その》行進序列は詳《つまびらか》ならす」だが、「全軍を鶴翼［当時隊形の名、今の横隊］に備へ皆単線にして」と記しており、信玄については「全軍をして魚鱗の隊形［今の縦隊］を取らしめ［即ち戦闘命令を下し行軍隊形を改めて戦闘隊形と為すなり］」と記している。だが、両者がとった陣形の出典は明らかにされていない。

参謀本部が参考にした史料

参謀本部が参考にした文献はなんであろうか。

わたしはここで東京大学史料編纂所の『大日本史料』元亀三年一二月二二日（第十編之十一　八〜二九七頁）「武田信玄、徳川家康ト遠江三方原ニ戦《たたか》ヒテ、之《これ》ヲ破リ、其《その》居城同国《どうこく》浜松ニ逼《せま》ル、尋《つい》デ、転《てん》ジテ、同国刑部《おさかべ》ニ陣ス、」項にもとめられる可能性に期待した。三〇〇頁近い史料群を見渡してみたところ、次の記述を見いだすことができた。

一一九頁より掲載される『三河物語』である。このとき武田軍は「三万余」で「ぎよりん」の構えをなしていて、徳川軍は「わづか八千」の兵数だったが、家康は怖じることとなく「陣は多せいぶせいにはよるべからず、天道次第」と決戦の覚悟を強め、「くわくよく」となり、各部隊も命じられるまま、「是非に及ばず」と急ぎ押し寄せたという。結果、家康は大敗北を喫した。

ところが参謀本部の作成した図を見ると、家康の鶴翼は戦国時代に定型化された「ハの」字型になっておらず、ただの横隊になっている。理由はふたつあるだろう。

ひとつは参謀本部独自の思い込みで、「鶴翼」＝「当時隊形の名、今の横隊」とする海外式の横隊を前提に作図した。参謀本部は海外の軍事学ばかりが頭にあって、徳川時代の軍学者が何度も言及している「鶴翼」を学んでおらず、海外の包囲陣と近世日本の鶴翼を混同していたのである。

もうひとつの理由として『三河物語』を書いた家康の家臣大久保《おおくぼ》忠教《ただたか》が、信玄によって開発された定型の陣形を学んでいなかったことがあげられよう。信玄による定型の八陣は結局のところ戦国時代に一般化しなかった。武田家以外では慣用句である、「固まれ」という意味での「魚鱗」、「広がれ」の意味としての「鶴翼」が依然使われていて、忠教はなにも知らないまま、秩序ある密集隊形を「魚鱗」とし、無秩序な散兵の集団を「鶴翼」と表現したのだろう。

なお、この戦いは兵力差もさることながら、家康が信玄の罠にかかったことで、戦う前から勝敗が決まっていた。そのため、ほぼ鎧袖《がいしゅう》一触で徳川軍の完敗に終わってしまった。家康は多くの家臣を失い、命からがら浜松城に逃げ戻ることになった。

徳川時代の三方ヶ原合戦図

参考までに『甲陽軍鑑』を基に徳川時代に作図された『信玄全集』［十四］の布陣図も掲出しよう。ここでは参謀本部とは異なる形状の配置図になっている（**図24**）。

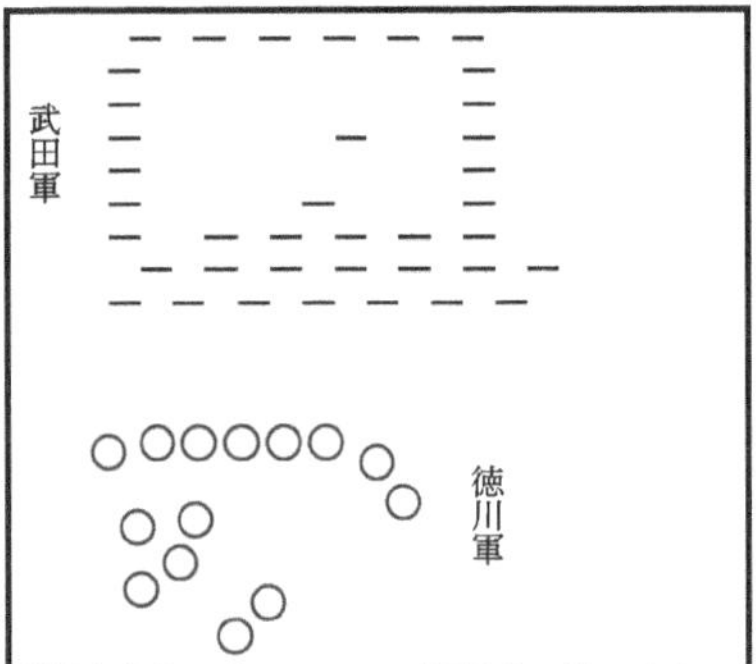

『信玄全集』十四　四、二俣城攻、付、味方ヶ原合戦の事

（図24）

上の図は魚鱗や鶴翼の陣になっていない。作図した者が、「門外不出」の『三河物語』が魚鱗・鶴翼の形状だったとする説を読んだことがなかったためだろう。

もう一点掲出すると、山鹿素行による布陣図が『武家事紀』中巻第二十八に見える（**図25**）。

これも『信玄全集』と同様に、魚鱗・鶴翼と関係ない作図で、『三河物語』を参考にした形跡がまったくない。おそらく『甲陽軍鑑』や『信長公記』などの有名な文献を基に、現地調査を加えて復元を試みたのだろう。『信玄全集』の布陣図は成立年次が不明だが、こちらは延宝元年（一六七三）の成立であることがはっきりしている。これ以前の作図は管見の限り確認できていないので、現段階では最古の作図と認めていいだろう。三方ヶ原合戦の布陣図は『日本戦史』の作図ばかりがトレースされるが、『武家事紀』の布陣図も参考にすべきではなかろ

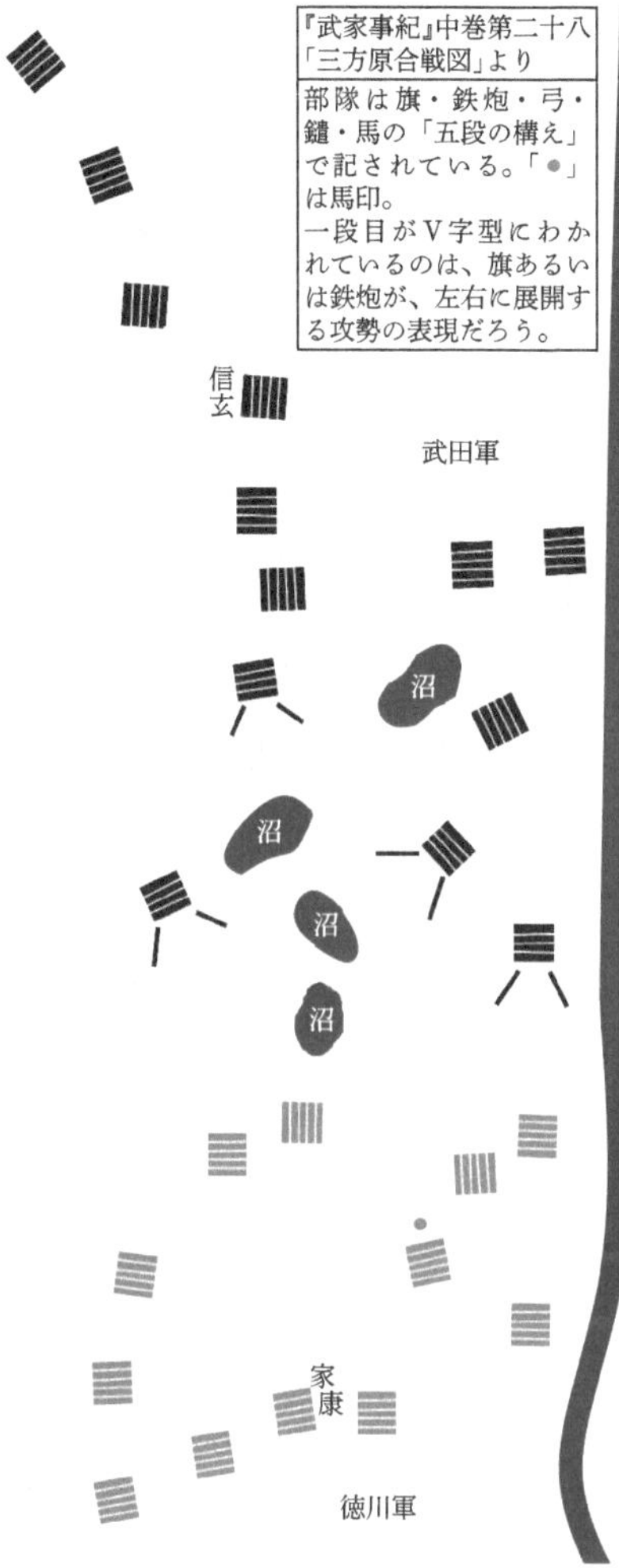

『武家事紀』中巻第二十八「三方原合戦図」より
部隊は旗・鉄炮・弓・鑓・馬の「五段の構え」で記されている。「●」は馬印。
一段目がＶ字型にわかれているのは、旗あるいは鉄炮が、左右に展開する攻勢の表現だろう。
信玄
武田軍
沼
沼
沼
沼
家康
徳川軍

（図25）

うか。

布陣図の表現と限界

ただし『武家事紀』の布陣図は必ずしも事実の再現を目的としていない。

たとえばこの「三方原合戦図」では徳川初期の部隊符号が使われており、どの部隊も「▤」といった五段隊形で表現されている。並ぶ順番は合戦によって入れ替わるが、旗・鉄炮・弓・鑓・馬からなる五つの兵種で組み合わされた近世軍隊の基本隊形である。図25で武田軍先鋒の四部隊が一段目を左右に広げているのは、旗持ちが交戦前に前列を開く動きである。つまり武田軍が徳川軍に対し、余裕綽々に戦闘態勢を整えているようすを示すことで、優劣がひと目で理解できるよう工夫しているのである。徳川軍も五段隊形で整列しているようにされているが、当時の徳川軍はまだしかるべき隊形を採用していなかったはずなので、これらは史料的根拠があって描写されているのではなく、想像で補われた表現だろう。

なお、合戦は元亀三年（一五七二）一二月二二日午後四時ごろに開始されたと伝わるが、冬の午後四時は夕暮れであり、景色も薄暗かったはずである。しかも開戦直後に総崩れとなり、闇のなか必死の思いで逃亡劇を繰り広げたことを思えば、徳川軍の一将が戦闘の全体像を把握できたかどうか怪しむべきである。大久保忠教による『三河物語』がどこまで信を置けるか再考しなければならないだろう。

なお、『武家事紀』の布陣図で気にかけておきたいのは道の存在である。軍勢は未踏の地に分け入る探検隊ではない。行軍するとき既存の道を使ったはずである。実際、一五七頁の配置図では多くが既存の道を基準に布陣している。道は戦うのにも逃げるのにも必要で、武田・徳川両軍とも道を起点とする配置に見える。布陣図を再考するには留意する必要がある。

以上、三方ヶ原合戦の見直しをはかった。だが私見を構築するほど情報を整理できなかったので、あらたな布陣図は提示しない。記して後考をまちたいと思う。

〔三〕関ヶ原合戦の虚実……関ヶ原合戦の通説的イメージ

戦国時代を終わらせた豊臣秀吉が病死すると、豊臣家は真ッ二つにわれた。家康派と反家康派である。

分裂の原因には諸説あるが、家康の侍医が書いた『慶長年中卜斎記』（上之巻）に注目すべき記述がある。

慶長五年（一六〇〇）正月、「天下諸侍」が秀吉の遺児である豊臣秀頼への挨拶に登城した。そのとき家康は「天下の家老」として敬われていた。だが諸大名は家康を「主人とハ不存《ぞんじず》」だったという。つまり家康はあくまで秀頼の家老であり、天下人ではないとの認識が強かったのである。家康は秀吉の遺命により秀頼の後見人になってはいたが、これを不快に感じる者が少なくなかった。

同年、その代表格とされる石田三成が西国で挙兵し、家康との対決意思を鮮明にした。東征に赴いていた家康は目的を変更し、三成のいる畿内近国へ向けて軍勢を引き返す。東軍と西軍は関ヶ原の地で対峙。天下分け目の決戦がはじまった。

さて、ここからは本戦と陣形にしぼって見ていこう。

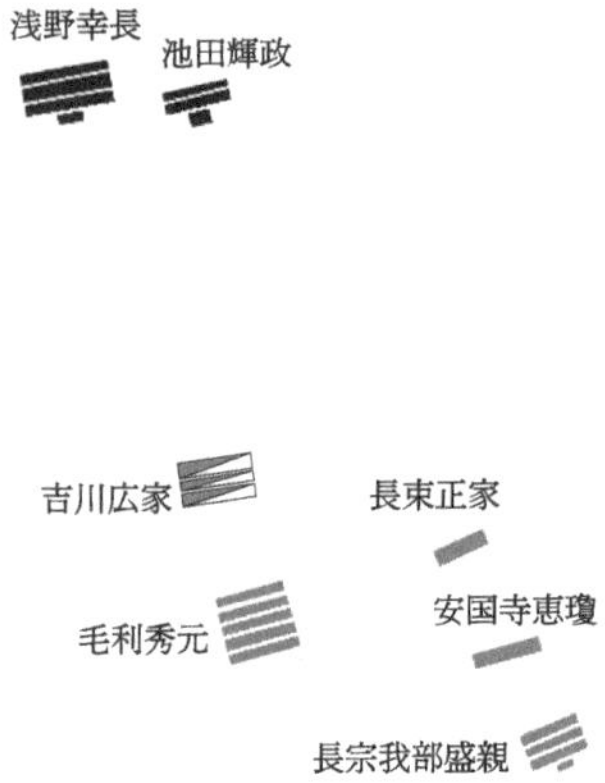

浅野幸長
池田輝政
吉川広家
長束正家
毛利秀元
安国寺恵瓊
長宗我部盛親

まずは例によって、明治二六年（一八九三）初版の参謀本部編『日本戦史　関原役　附表・附図』「関原本戦之図」をトレースしたので、これを見てもらいたい（**図26**）。

上の布陣図はいまや完全に通説として浸透している。二木謙一『関ケ原合戦』（中公新書・一九八二）や大河ドラマ『葵

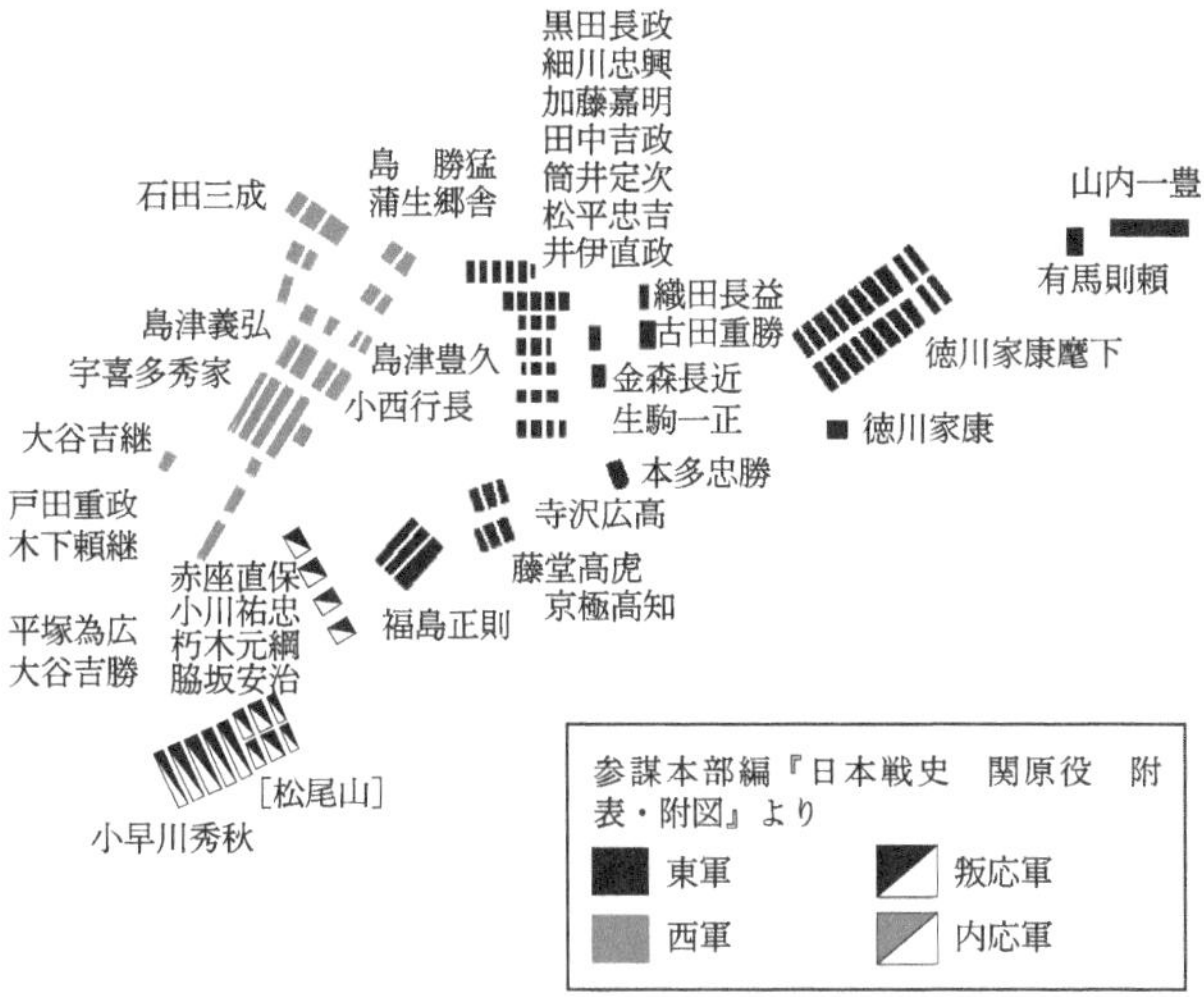

（図26）関原本戦之図

徳川三代』（二〇〇〇）などで、いくつもの布陣図が参謀本部の作図をそのまま踏襲しており、明確で重要な異説を唱えているのは白峰旬氏ひとりである（白峰二〇一四）。

　記憶に新しいところでは平成二七年（二〇一五）の『大関ヶ原展』図録（一三〇〜一三一頁）に採用され、展示の映像説明でも参謀本部の記述に沿った内容がなされていた。この布陣図は、もはや動かしがたい史実とされているといっていい。

　この図がもつ問題点はさまざまに指摘されるが、特に気になるのはこんなにきちんとした布陣をする余裕が本当にあったのかという問題である。これを見ると両軍とも左右から同時期にゆっくり進みながら、ある程度の計画性をもって着々と野戦陣地を構築したかのような印象をもってしまいそうになる。だが、それでいいのだろうか。

メッケル少佐の「西軍の勝ちだ」は史実か

関ヶ原の布陣図といえば次の逸話も付き物である。

ドイツの軍人が関ヶ原の陣容をひと目見て、即座に「西軍の勝ちだ」といったという伝承である。

ドイツのクレメンス＝メッケル少佐は、関ヶ原合戦における陣形をみて、即座に「西軍の勝ち」といったと伝えられている。それは西軍の布陣が、小高い山々を利して、敵を誘い込んでこれを包囲攻撃しうる態勢にあったからである。中国の兵書にいう典型的な「鶴翼《かくよく》」、すなわち鶴が翼をひろげて敵をおし包む陣形であったのである。

（二木一九八二）

右の逸話は、関ヶ原合戦の布陣図を焼き付けるのに一役買っている。西軍が鶴翼の陣を布き、優位を誇示したとする印象を補強する逸話である。しかしこの逸話は有名な割に出典が不明だという。考えてみればこの逸話には大きな綻《ほころ》びがある。

メッケル少佐は明治一八年（一八八五）から二一年までの四年間日本にいた。だが、参謀本部の関ヶ原合戦図は明治二六年が初版である。メッケルがドイツに帰国してから五年もあとなのである。するとメッケルが見た「陣形」は参謀本部の作ではなかったことになる。参謀本部より先にある作図を探してみると明治二五年の神谷道一『関原合戦図志』（一九六〜一九七頁間）が存在するが、これもまたメッケル帰国後である。

メッケルが来日する以前だと、もうそれは古地図の類しかない。徳川時代に流布した布陣図が二系統あり、これらは『高山公実録』系と『武家事紀』系に大別されている（白峰二〇一四）。面白いことに、どちらを見ても西軍は鶴翼のような包囲陣など取っておらず、また「西軍」「東軍」という表現もされていない。ただ各要所に武将の名前と配置が並んでいるだけなのである。これらの布陣図は「即座に」どちらの勝利だと言い切るまえに、どの武将と部隊が西軍でどれが東軍かを見分ける作業が必要となる、甚だ不親切なものなのである。メッケルより関ヶ原に詳しいつもりのわたしでもどの部隊が東軍と西軍になっているのか、一五から二〇分程度かけて理解するのがやっとな代物で、このような曖昧な作図で瞬時にどちらの勝利だと外国人が判断するのは不可能だろう。メッケルはこうした曖昧な軍事理解を改めるために来日した。そのおかげで「西軍」「東軍」の区分けが関ヶ原の布陣図に使われるようになったのである。
当時の時代背景を考えると「西軍の勝ちだ」発言の実否はとても疑わしいといえる。また、メッケルが来日する以前に近代的な軍事資料として別の布陣図が描かれていた可能性も低いといわざるをえない。なぜならメッケルが来日するまで近代的な視点で戦史を見る技術がなかったからである。次は昭和に書かれた伝記『児玉源太郎』からの引用だが、傾聴すべき証言だろう。

明治十八年頃迄《まで》は、大戦と云へば、関ケ原役であるが、それも猶《な》ほ戦線は十数里に渉《わた》りしのみで、期間も長からず、糧秣《りようまつ》、弾薬、器材の運搬に就《つい》て研究せしはなく、従来の我が兵学──戦略、戦術──を講ずるもので、「兵站《へいたん》」を語り、注意を促せるもの皆無であり、全く閑却《かんきやく》してゐた。
(宿利一九四二)

右の証言が事実であればメッケルが来日するまで、わが国には近代的な戦史研究の土台が確立されていなかった。したがって「西軍の勝ちだ」といわしめる布陣図があらわれるのは、やはり神谷道一『関原合戦図志』からになるだろう。初版は明治二五年であり、このときすでにメッケルはドイツへ帰国済みで、その後も来日することはなかった。ここまでの疑義がある以上、「西軍の勝ちだ」は創作された逸話として見るべきだろう。

参謀本部作成の布陣図に対する疑問

次に参謀本部作成の布陣図から、よくいわれる「鶴翼」と「魚鱗」の表現が適切な表現かどうかを見てみよう。

巷間では、西軍は鶴翼、東軍は魚鱗の陣形を布いたといわれている。従来の通説に従えば、鶴翼とは鶴が翼を広げたようなV字型の陣形で、敵勢を包囲して押しつぶす陣形だとされている。そして魚鱗は◇の形にかたまって敵勢を中央から叩いていく陣形であるとされている。

だが実際にはどうだろうか。参謀本部の作図だけで、当時の東西軍にしかるべき作戦とそのための配置計画があって、理想的に布陣がなされたと確言できるだろうか。

仮に参謀本部の作図に従うとしても、西軍は「鶴翼」というより本隊（石田三成・宇喜多秀家・小早川秀秋など）と別働隊（吉川広家・毛利秀元・長宗我部盛親など）にわかれていて、しかもその配置は定型の陣形にあてはまらない。どちらかというと、川中島合戦における武田軍や、長篠合戦における織田・徳川連合軍のように、別働隊が背後を狙う構図と見るのが妥当だろう。

対する東軍は、前進しながら前衛を厚くすればそれらしい配置にならないこともない。だがそれは魚鱗といっていい布陣になっているだろうか。西軍本隊に直面する前衛だけ見れば、むしろ東軍こそ鶴翼の構えをとっているようである。

また『慶長年中卜斎記』（上之巻）に「内府（家康）公、人数備えられ、御馬廻り、魚鱗・鶴翼の御陣取り、その朝霧深く降りて」とあり、家康の直属兵が単隊で「魚鱗」と「鶴翼」の陣を使っていたことが記録されていて、その時その時によって陣形を変えていたようすがうかがえる。

鉄板の通説とされてきた布陣図だが、よく見ると当たり前のようにいわれてきた「魚鱗」と「鶴翼」の表現はほとんど当てはまらない。関ヶ原合戦を魚鱗と鶴翼の対決であるとする先入観から離れて、もっと自由に両者の布陣を見直してみるべきだろう。

白峰旬氏の指摘から

重要な問題を多く指摘する白峰旬氏の説によると、小早川秀秋の裏切りは開戦とほぼ同時に発生したのであり、それを西軍が事前に看破していたことは明らかである。

十五日濃州至赤坂着馬之処、夜半に敵関ヶ原に自大柿《大垣》相廻、於先陣企合戦、此日雨降霧深、而行先不分明、伊勢筋へ相廻西国衆二万五千余、こうづ駒野に居陣す、関ヶ原には石田治部（三成）・浮田中納言（宇喜多秀家）・大谷刑部（吉継）・島津兵庫（義弘）・小西摂津守（行長）、将陣の処に、金吾中納言「政所の甥、太閤之養子也」（小早川秀秋）、内府（徳川家康）公属味方之間、敵敗北、数百討取、此時脇坂中務（安治）・小川左馬介（祐忠）俄《にわかに》属内府、翌十六日江州佐和山押寄、

《訳》

一五日、美濃国の赤坂に軍勢がついたところ、敵（西軍）が夜中に大垣城より動き、先陣において合戦を企てた。この日、雨が降り、霧が深かったので先もよく見えず、伊勢筋へと動き、西軍二万五〇〇〇人余が駒野（岐阜県海津市南濃町駒野）側に布陣した。関ヶ原には石田三成・宇喜多秀家・大谷吉継・島津義弘・小西行長。かれらが布陣するところに、小早川秀秋が徳川家康公の味方に属したので、敵（西軍）は敗北。数百を討ち取った。このとき脇坂安治・小川祐忠がにわかに家康方に属した。翌一六日には近江佐和山へ押し寄せた。

（『当代記』巻三）

右は徳川秀忠の時代を書いた『当代記』からの一部引用である。元和九年（一六二三）以前の成立とされ、徳川中期以降の物語的な軍記類よりも参考とされる文献である。これに

よると、東軍が赤坂に着いたところ、大垣城に待ち構えていた西軍は、先陣だけで戦うべく前進した。しかし霧が深かったので行軍が不安定になり、西軍のうち二万五〇〇〇人余りの軍勢は伊勢筋から迂回して、コウヅコマノ（駒野）に布陣することになった。これと別行動をとっていた主力の石田三成たち（兵数不明）は関ヶ原に布陣しようとした。その途中で小早川秀秋が離反したことにより西軍は敗北したという。つまり西軍が布陣を整える前に秀秋の裏切りがあり、あっけなく勝敗が決したのである。

また、関ヶ原合戦の二日後となる九月一七日付の毛利輝元宛て吉川広家書状案を見ると、西軍の作戦が進むうち、東軍が西軍を通り越して西に進む動きを見せたらしく、小早川秀秋の「御逆意」が「はや色立」になったという。つまり秀秋の裏切りが戦う前から明らかになった。そこで大垣に集まっていた西軍主力が山中に布陣する大谷吉継を守るため、移動を開始したと書かれてある。この記述が正しければ、通説の関ヶ原合戦像とまったく異なり、西軍は東軍の陽動に乗せられて後退したことになる。

通説が間違っているとすれば、古史料に書かれたシーンをどのように理解すればいいのだろうか。『武家事紀』の布陣図を参考に読み解いてみよう（**図27**）。

この図をひと目見て首を傾げてもらいたいところがある。小早川秀秋の近くに朽木元綱・小川祐忠・脇坂安治の三将率いる部隊が描かれていることである。

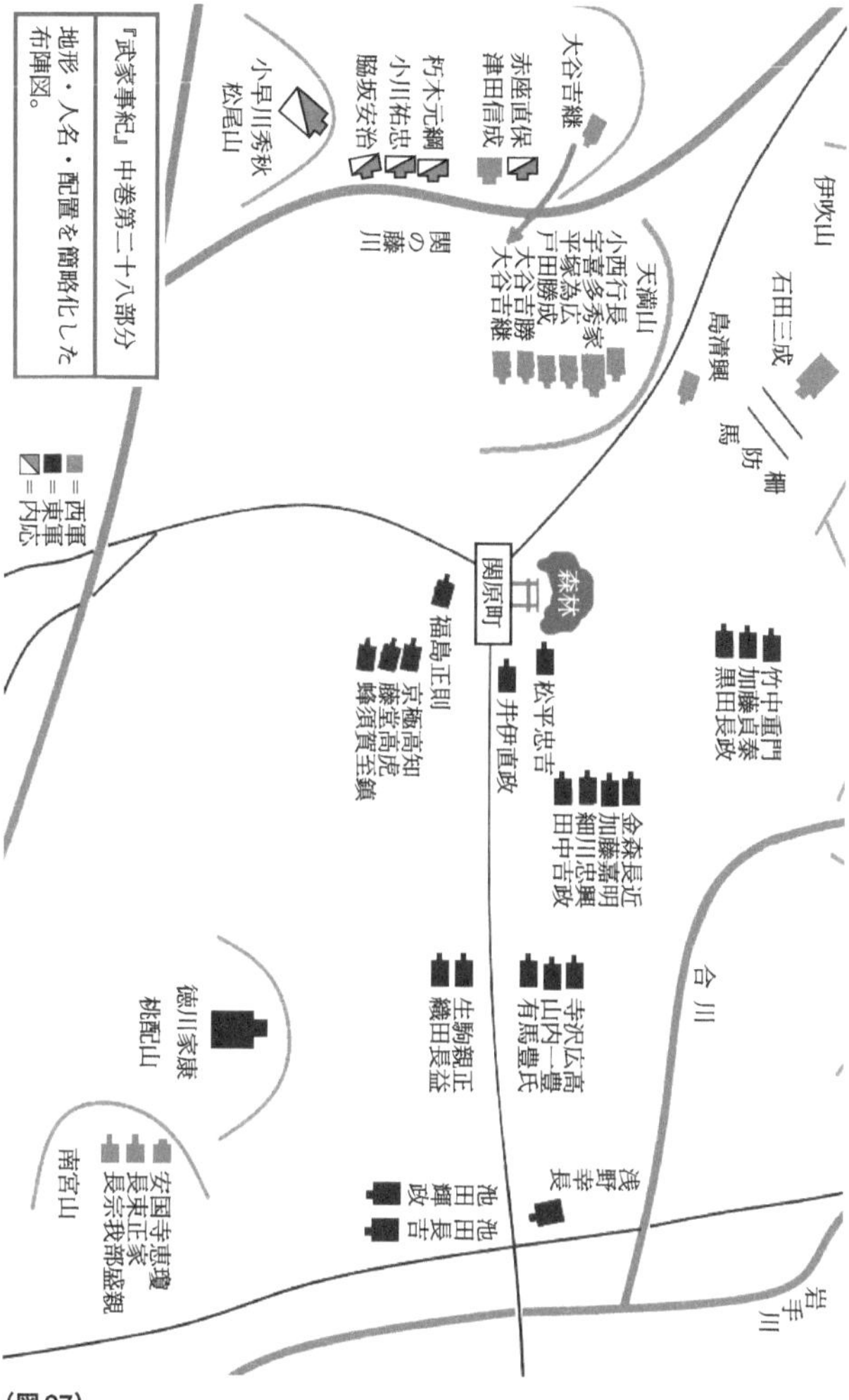

伊吹山
石田三成
島清興
柵
防
馬
天満山
小西行長
宇喜多秀家
平塚為広
戸田勝成
大谷吉勝
大谷吉継
大谷吉継
赤座直保
津田信成
朽木元綱
小川祐忠
脇坂安治
関の藤川
小早川秀秋
松尾山
『武家事紀』中巻第二十八部分
地形・人名・配置を簡略化した布陣図。
＝西軍
＝東軍
＝内応
森林
関原町
竹中重門
加藤貞泰
黒田長政
松平忠吉
井伊直政
福島正則
京極高知
藤堂高虎
蜂須賀至鎮
金森長近
加藤嘉明
細川忠興
田中吉政
合川
寺沢広高
山内一豊
有馬豊氏
生駒親正
織田長益
徳川家康
桃配山
浅野幸長
池田輝政
池田長吉
安国寺恵瓊
長束正家
長宗我部盛親
南宮山
岩手川

（図27）

かれら三将は秀秋とともにすぐさま東軍へと転身する離反者である。この配置が正しければ、西軍の大将は何を考えて、簡単に寝返りする将たちを重要な地に配したのかという疑問が起こるはずである。「いやいや先は見通せないのだ」というかもしれないが、この地だけあらかじめ示し合わせたように離反部隊が集まるのは不審ではないだろうか。

後世に付された逸話や伝聞をすべて脇において、理由を考えてみよう。吉川広家の報告書や『当代記』に基づいて見直せば、次のように推測できる。

小早川の離反が明らかになったので、西軍は大谷吉継が心配になり、大垣城からの後退を決意した。だが西に向かう途上で西軍の内部に乱れが生じた。大谷隊もまた独断で西軍主力と合流するべく陣所を離れ、東に向かった。誰もが予想し得ない動きを見せはじめたのである。その間、小早川に呼応する三将たちは本隊から離脱して小早川軍と合流することを決意する。果たして西軍主力と大谷隊が集うところへ東軍が襲いかかり、小早川および三将もまた東軍とともに西軍を背後から攻撃した。これで全てが決したのである。

関ヶ原の戦況図を作りなおす

右の推定に従い、叩き台として描き上げたのが以下の戦況展開図である。

なお、大谷吉継の山中布陣は九月三日（池田輝政書状写によれば一四日の夜）、小早川秀秋の松尾山布陣は九月一四日で、関ヶ原合戦は一五日に行われている。こうした三段の展開を踏まえて一枚ではなく三枚で描くこととした。

① 石田三成ら西軍主力、大垣城に詰め寄せる。大谷吉継、陣所を構える。小早川秀秋、松尾山に陣取る（一七二頁**図28**）。

② 東軍主力、西へと動き始める。これに反応したものか小早川離反の疑いが強まる。西軍主力、西へと移動を開始する（同**図29**）。

③ 西軍主力と大谷隊、合流するが挟撃される。小早川隊、朽木・小川・脇坂らとともに西軍を挟撃する（一七三頁**図30**）。

およそこういった展開によってあっけなく勝負がついてしまったのではないだろうか。中近世の合戦はしっかり陣構えをして防御を固めていれば、短期間に決着がつくことは意外に少ない。川中島合戦も三方ヶ原合戦も、両軍のうちどちらかが短期決戦の意欲をもって、流動的に敵軍を誘引し、戦闘を仕掛けて起こったものである。だとすれば、関ヶ原合戦も事前の野戦陣地が固まっておらず、流動的な動きがあったため、たった一日で勝敗が決した。そう考えるのが自然であるだろう。

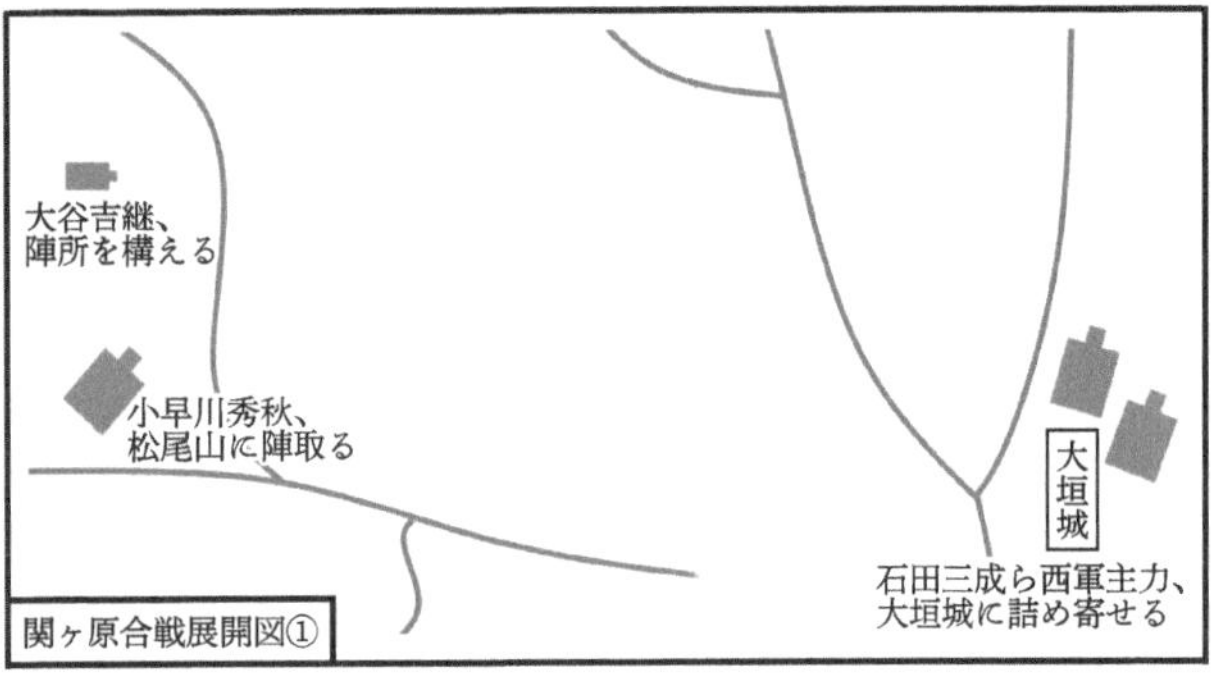
大谷吉継、
陣所を構える
小早川秀秋、
松尾山に陣取る
大垣城
石田三成ら西軍主力、
大垣城に詰め寄せる
関ヶ原合戦展開図①

（図28）

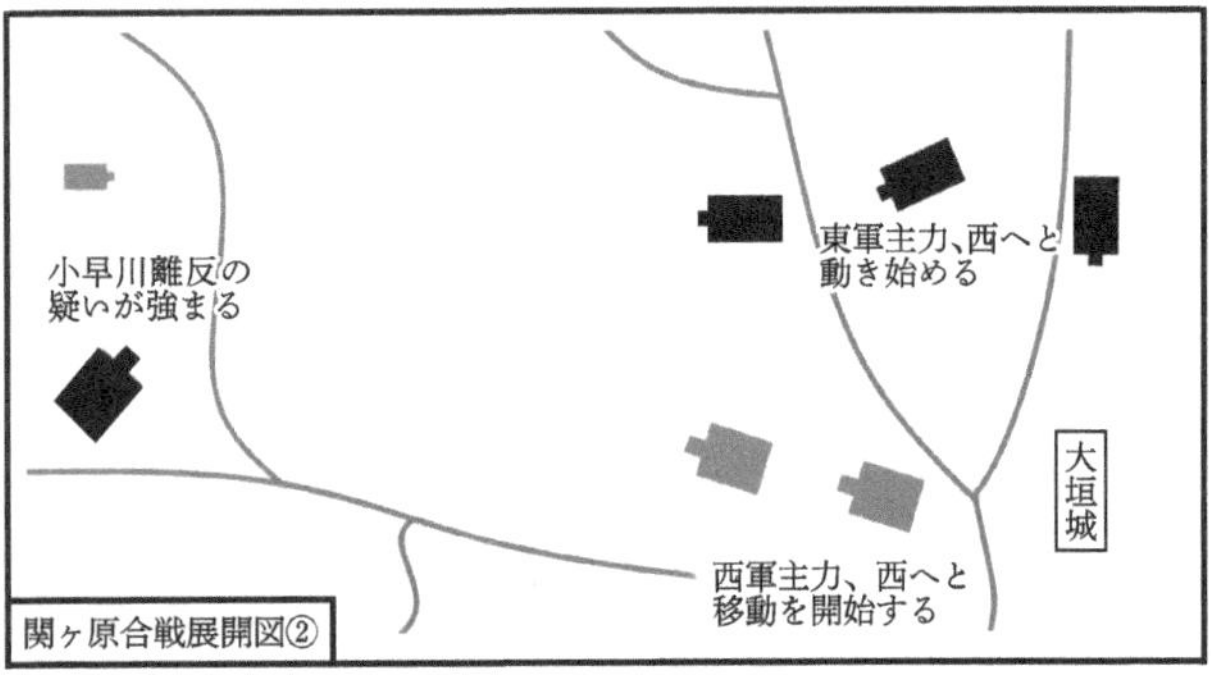
小早川離反の
疑いが強まる
東軍主力、西へと
動き始める
大垣城
西軍主力、西へと
移動を開始する
関ヶ原合戦展開図②

（図29）

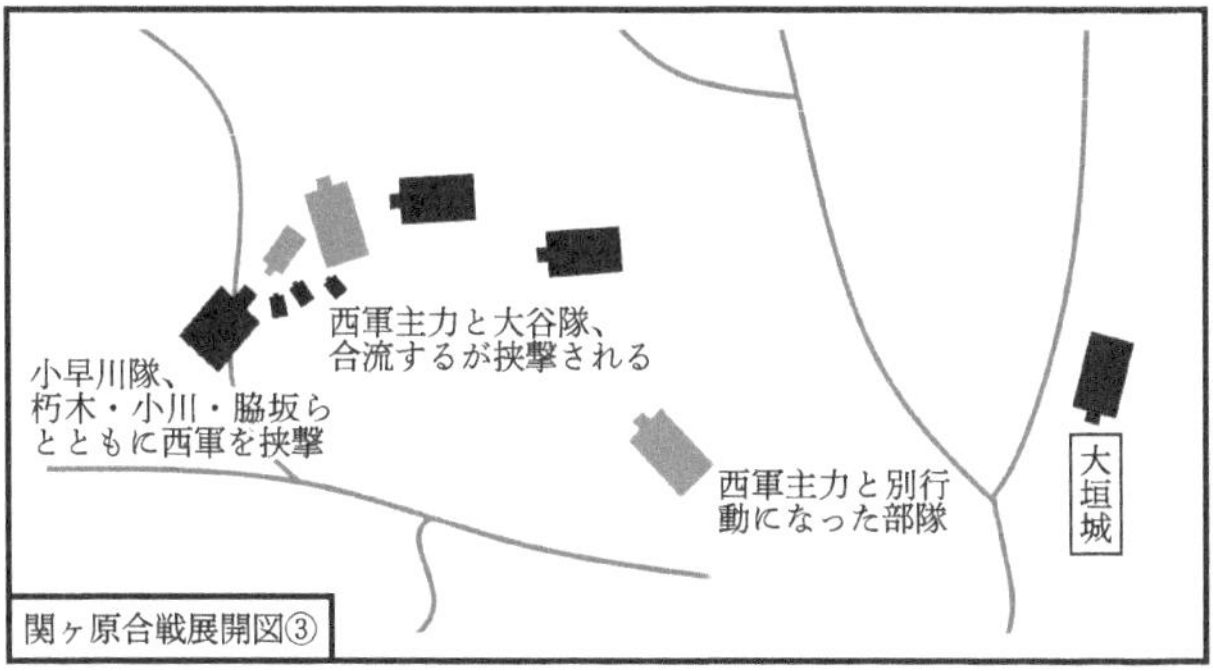

（図30）

なおこれら三点の図は数ある史料を悉皆《しっかい》調査して精緻に検証したものではないことから、あっさり描き換えられるかもしれない。だが戦況図・布陣図の価値は実証ではなく、考証と復元にあるものと考え、ここに叩き台を示しておくので、本図の更新を諸兄姉に請いたい。

第六章　大坂の陣と伊達政宗の布陣

大坂の陣勃発

関ヶ原合戦に勝利した徳川家康は征夷大将軍に任じられ、その後、天下人への道を着実に歩んでいた。

かたや大坂の豊臣家は軍事的にも政治的にも力を失いつつあった。だが、豊臣家は徳川の天下を認めるつもりなどなかった。このため、天下の趨勢はほぼ決まっていたにもかかわらず、豊臣家と徳川家は争う運命だった。武家政権のトップは一人でいい。家康は豊臣家を滅ぼすことを決意した。ここに大坂の陣が勃発する。

冬の陣

慶長一九年（一六一四）一〇月、家康は豊臣家の大坂城を攻めるべく全国の大名に動員をかけた。一一月には日本中から続々と軍勢が馳せ参じ、大坂城を攻囲した。

大坂方に味方したのは関ヶ原で西軍について負け組となった者たちで、多くは牢人と化していた。とはいえかれらはいずれも侮りがたい歴戦の名将だった。特に名高かったのは、後に「七将星」と呼ばれる長宗我部盛親、後藤基次、真田幸村（信繁）、明石全登《てるずみ》、毛利勝永（吉政）、木村重成、大野治房である。

ここで名をあげたのが真田幸村である。幸村は史料上では「信繁」が正しいとされるが、違和感を覚える方もおられようから、間をとって真田左衛門佐《さえもんのすけ》としよう。左衛門佐は大坂城の南方が手薄であるため、出城を構築し、ここを六〇〇〇の兵とともに守備することとした。「真田丸」である。

左衛門佐は真田丸を使い、大坂城南方の守りを堅くした。

とはいえ大坂方の主力は統制の弱い牢人衆である。対する徳川方は戦国を勝ち抜いた全国の大名軍である。大坂方が攻勢に出ることは不可能に近く、決着の付け方が見えないでいた。しかも家康は「大筒」(大砲)を使って城内に砲撃を繰り返した。これではいつ城主の豊臣秀頼に害があるかわからない。大坂方は先行きへの重苦しい不安でいっぱいだっただろう。

そこへうまい話が転がり込んでくる。

家康のもとへ京都から勅使が訪れたのである。勅使は家康に大坂方との講和を求めた。むろん優勢にある家康は講和を渋った。大坂方はこれに乗じて自らも和議の使者を家康のもとに遣わした。実のところ徳川軍も予想以上の苦戦にあり、力攻めの限界を感じていたらしい。家康は「城中の詫び言」を許す形で和平を認め、一二月二〇日、攻撃を停止させた。

だが家康の提示する条件は厳しかった。大坂方は人質を差し出した上で、本丸以外の二ノ丸と三ノ丸を潰すことを強いられたのである。徳川方の軍勢は包囲を解いたが、これで大坂城は無防備になった。

道明寺合戦

しかしこれで終わるほど武士の戦争は甘くない。半年もしないうちに家康はふたたび軍勢を催し、大坂城へと迫った。今度こそ豊臣家を根絶やしにする覚悟だった。

大坂城は先の講和で本丸以外は使い物にならず、もはや決戦に臨むほかに術がない。ここで後藤基次らが徳川方の迎撃に出陣した。後続に毛利勝永と真田左衛門佐が進軍した。

さてここに慶長二〇年（一六一五）、大坂夏の陣の序幕となる道明寺合戦が開戦する。このとき陣形（あるいは隊形）はどのような活躍を見せただろうか。

五月六日、夜明けごろ、道明寺口・片山口麓において、徳川方の水野勝成・本多忠政・松平忠明・伊達政宗らが豊臣方の後藤基次と遭遇し、激しい戦いが開始された。

ところがここに、ひとつの不協和音があった。伊達政宗である。

関ヶ原合戦時における伊達軍の編成

まずは慶長五年（一六〇〇）の関ヶ原合戦時に、伊達家が最上家に遣わした援軍の編成から見てみよう。

● 鉄炮　一五五〇丁
● 鑓　一四〇〇本
● 馬上　五九〇騎

旗と弓の数は記されていないが、軍役・陣立の筆記様式は大名によって異なっていて、例えば上杉謙信・景勝は弓の数を省略するのが通例だった。伊達家の場合、弓ばかりでなく旗の数も省略しているが、それでも分けられた兵種は五段隊形として兵種別に配置され、鉄炮などの飛び道具が敵陣を乱し、続いて鑓が押し崩すと、馬上が打ち掛かる運用が一般的だった。

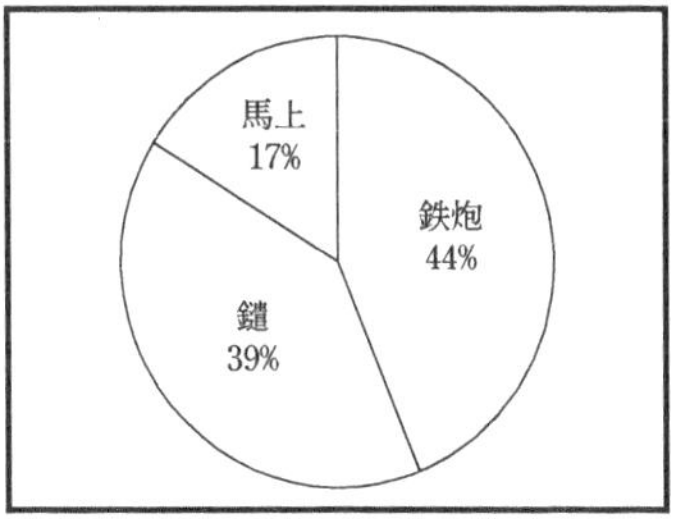

慶長5年伊達軍編成

ともあれ伊達政宗の援軍は合計三五四〇人で、この時、鉄炮の装備率は四四％に過ぎなかった（『伊達家文書』七一三号「伊達政宗最上陣覚書」／上図）。

だが一五年後の大坂の陣ではこれが大きく変容する。

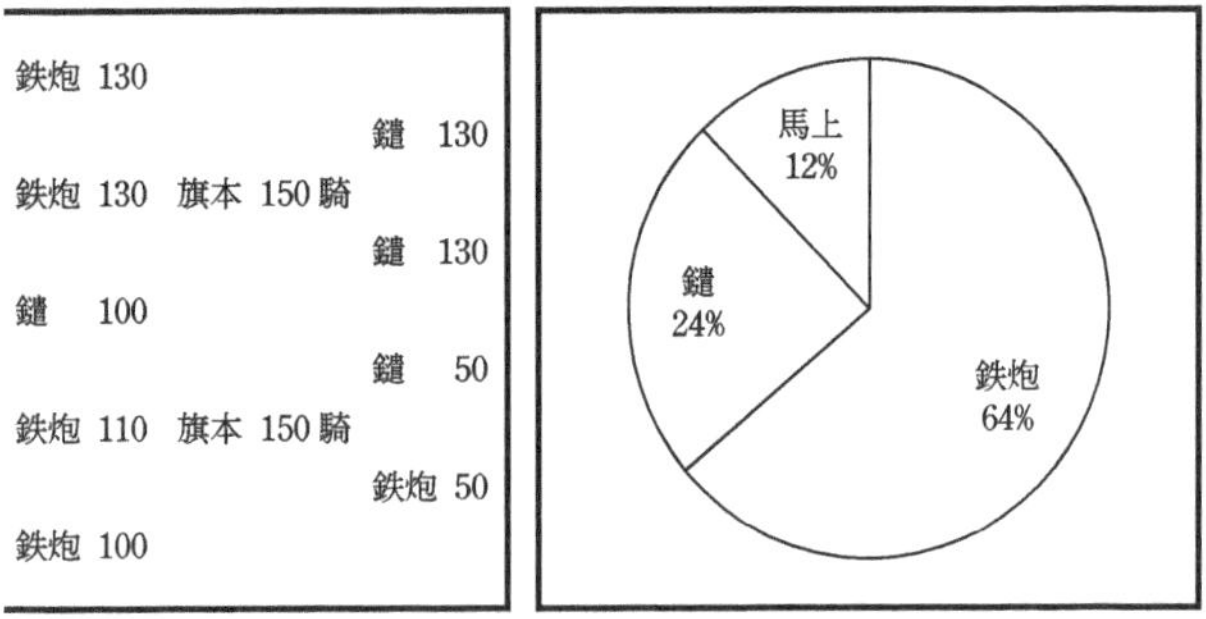

慶長20年伊達軍編成

伊達政宗の陣立

慶長二〇年（一六一五）当時の人数書立《にんずうかきたて》（『伊達家文書』八〇四号「伊達政宗大坂夏陣人数書」）によると、政宗の軍勢は次の内訳となっていた。

- ● 鉄炮　三四七〇丁
- ● 鑓　一三一〇丁
- ● 馬上　六二八騎

なんと鉄炮の数が鑓と馬上を合わせた数よりも多いのである（上図）。

鉄炮の装備率、実に六四％。

これは当時でも異例で、数字だけ見ると衝撃的な印象を受けるだろう。「戦術が鉄炮重視に変容し、馬上＝騎馬戦術が有効性を失った」とする解釈もあるほどだ（桐野二〇〇八）。たしかに人数書立だけを見るとそのように感じられるかもしれない。だが、馬上が有効性を失ったかどうかはもう少し冷静に眺めなおす必要がある。なぜなら、この人

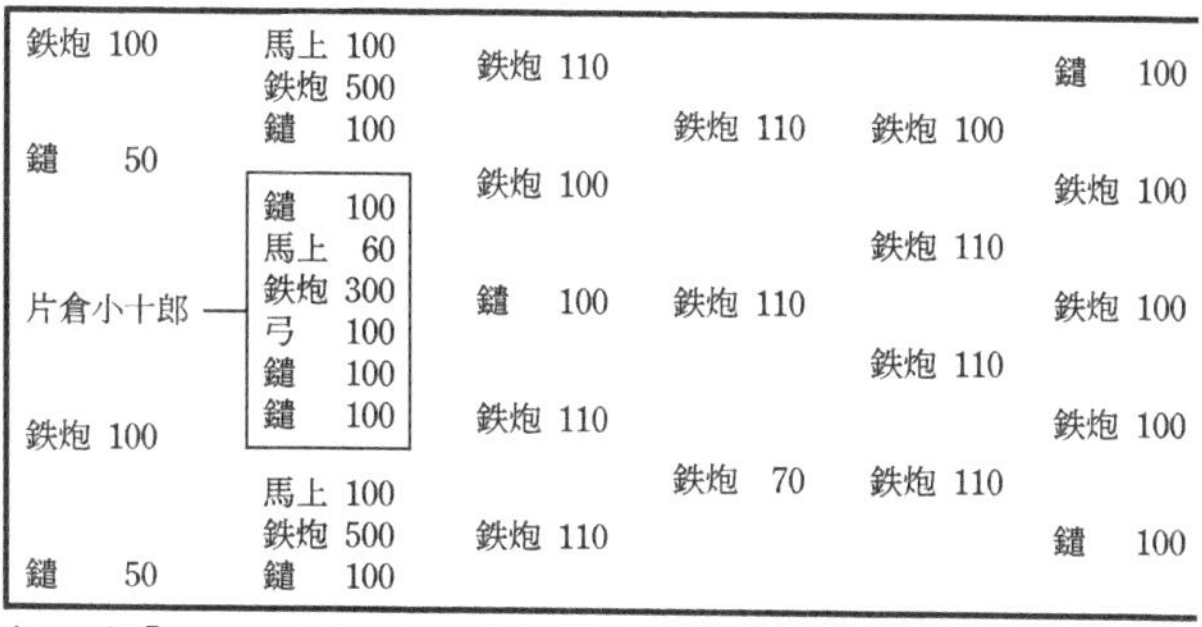
鉄炮 100
鑓 50
片倉小十郎
鉄炮 100
鑓 50
馬上 100
鉄炮 500
鑓 100
鑓 100
馬上 60
鉄炮 300
弓 100
鑓 100
鑓 100
馬上 100
鉄炮 500
鑓 100
鉄炮 110
鉄炮 100
鑓 100
鉄炮 110
鉄炮 110
鉄炮 110
鉄炮 110
鉄炮 70
鉄炮 100
鉄炮 110
鉄炮 110
鉄炮 110
鑓 100
鉄炮 100
鉄炮 100
鉄炮 100
鑓 100

（図31）「伊達政宗大坂夏陣陣立書」（原典は縦書き）

数を政宗がどのように編成し、どう戦ったかが別の文献に残されているからである。

まずは編成の史料である。政宗がこれらの兵種別編成方式軍隊をどのように並べたか、当時の陣立書に明瞭に記されている。その配置は次の通りとなっている（『伊達家文書』八〇九号「伊達政宗大坂夏陣陣立書」より／**図31**）。

片倉小十郎（重綱）が伊達軍の前衛を担っている。

人数を数えあげるとその内訳は次の数になる。

● 鉄炮　三四七〇丁
● 鑓　一三一〇丁
● 馬上　五六〇騎＋指揮官六九名＝合計六二九騎

陣立書の人数は人数書立とほぼ同一である。異なるのは、馬上が一騎多いことと、片倉重綱に弓が一〇〇張あることのみである。

陣立書を見ると前衛には鑓と馬上がバランスよく配置されていることに気付かされるはずである。実のところ、この隊形で戦ったのは前衛の片倉重綱だけで、後衛の政宗は安全圏から銃撃しているだけだった。

五段隊形の片倉隊とほぼ鉄炮のみの伊達隊

先陣を引き受けた片倉重綱は、通常の五段隊形に従う編成で進軍した。

片倉重綱が戦う相手は大坂方の後藤基次だった。

大坂から出陣した基次は奈良街道を進み、大和国にて徳川方を迎撃する態勢を整える構えだった。しかし濃霧の進軍であったためか、後続の毛利・真田の諸隊がなかなか追いつかなかった。しかもそこで徳川方がすぐ近くに迫っていることを知る。基次はこのまま片山の地を取られれば、その後の作戦が危ぶまれると考え、単独で戦う覚悟を決めると、小松山へと布陣した。

そこへ現れたのが徳川方の大和国衆である奥田忠次・松倉重政だった。対する基次の兵は二八〇〇人。基次は敵軍に遭遇すると激しく戦った。基次の働きは凄まじかった。奥平を討ち取り、松倉隊を押し返す戦果をあげたのである。だが正午過ぎに小松山を降りたところで思わぬ伏兵に襲われた。片倉隊の銃撃を受けたのである。

片倉隊は先陣をふた手に分けており、一手を小松山のふもとに、鉄炮二〇〇丁・弓五〇張・長柄一〇〇本の編成で隠していたのだった。そして自身は「鉄炮百挺・弓五十張・長柄百本・歩小姓の鑓百本」で隊形を整えていた（『明良洪範』）。

片倉隊の銃撃が基次隊を崩した。重綱は遠距離戦のあと、接近戦に入り、自ら武器を振りかざして奮戦する激しさを見せた。

伊達軍の攻撃に完敗した基次は、片倉隊の銃弾に斃《たお》れたとも、自害したとも伝わる。初戦の勝利で徳川方は大きく沸き立つことになった。基次隊にとどめを刺した伊達軍も有頂天になっていた。だが、政宗に対する世評は冷たかった。

というのも、味方であるはずの「大和国衆」である神保《じんぼう》長三郎（出羽守とも）率いる二七〇人を銃撃してしまったのである。

伊達（政宗）殿ハ、今度味方討被申候事、雖然御前ハ能候へ共、諸大名衆笑物にて、比興者之由御取沙汰之由候、ミかた討に被逢候人ハ、大和之国衆神保長三郎（相茂《すけしげ》）殿と申にて候、人数二百七十人被召連候を、七騎に正宗（政宗）殿うちなされたる由無其隠候、

《訳》

今回、伊達政宗殿は味方を撃たれなさったということだ。ご自身はそれでいいだろう

が、諸大名衆の笑い物になって卑怯者だと噂されている。同士討ちに遭ったのは、大和の国衆で神保相茂という人である。神保殿が連れた二七〇人の兵は、七騎にまで減ってしまった。これは政宗が撃ったためで、紛れもない事実である。

（『薩摩旧記』後集三二・部分）

伊達軍の道明寺合戦で武功をあげた重綱は主人の政宗を「殿様、御手柄日本一にて候」（『伊達家文書』八〇五号「片倉重綱書状」）などと絶賛したが、政宗自身がこの合戦で活躍したようすはなく、右の酷評が残るのみである。

伊達軍の鉄炮装備率が高かったのは、政宗が時代を見据え、重要兵器を大量に揃えた先見性の証明でもなんでもない。単に政宗が合戦に乗り気でなく、できれば専守防衛に徹したいがため、鉄炮ばかり揃えた消極性のためだった。

ちなみに後藤基次を討ち取ったあと、政宗は真田左衛門佐と交戦することになった。だが伊達軍は積極的に戦わず、真田隊が撤退する時も「もはや弾切れである」として、徳川方からの追撃要請に応じることなく引きあげた。おかげで左衛門佐は悠々と殿軍を果たし、周囲に「軍立無双」と勇悍《ゆうかん》を称えられるに至った（『真武内伝』）。

大坂の陣は戦う前から勝敗の見えている戦争で、徳川方の大名たちがやれることといえば、将軍家へのご機嫌取りをするか、自らの矜持を示すだけであった。すでに大きな貫禄を誇る政宗が改めて手柄を競う理由は特になく、一定の武威さえ示せれば、相手に直接とどめを刺してやる必要もなかった。政宗の消極的編成の根底には、右の背景もあったと考えていいだろう。余談ながら真田左衛門佐は道明寺の合戦後、追撃を拒んだ政宗の心遣いに感じ入り、片倉重綱へ自らの娘を託したという。

伊達政宗の片倉重綱に対する扱い

あまりいい話で綺麗に終わらせると泉下の政宗も照れるだろうから、余談ついでに俗っぽい話も紹介しておこう。

ある逸話がある。慶長一九年（一六一四）大坂冬の陣の支度中の話である。出陣前、重綱は城内の廊下を急ぐ政宗の前に現れ、「大坂の御先鋒は、拙者に仰せつけ下され」と願い出た。政宗は重綱を引き寄せると、頬にくちづけし、涙を流しながら「お前のほかに先鋒を命じるものか」と告げたという（『老翁聞書』）。政宗が重綱を特別扱いしていたように伝えられている。

だがこの話はいかにも芝居くさい。これより遡ること一二年前の逸話で、政宗の残酷な仕打ちが伝わるから余計にそう思えるのかもしれない。

その「残酷な仕打ち」を紹介しよう。慶長七年（一六〇二）、重綱に恋心を抱く大名がいた。関ヶ原を勝利に導いた小早川秀秋である。迷惑に思う重綱は寺に隠れたが、秀秋は諦めなかった。主人の政宗に相談したのである。当時の秀秋は徳川の大功臣で、機嫌を損ねるわけにはいかない。そこで政宗は重綱に使者を遣わし、「嫌だと思っても一晩ぐらいつきあってやれ。家臣は主君のため親の首でも取るものだぞ」と伝えたという（『片倉代々記』）。これらは事実でないかもしれないが、政宗の重綱に対する身勝手で調子のいい扱いを想像させられるであろう。

関ヶ原では多くの西軍大名が戦争責任を参謀や重臣に押し付け、トカゲのシッポきりのように生き延びたようなところがある（上杉家の直江兼続、毛利家の安国寺恵瓊など）。政宗も合戦主力を重綱に担がせることで、自らは何があっても知らぬ存ぜぬで押し通す肚《はら》があったのではないかと邪推させられそうになる。

ちなみに『難波戦記』によると、政宗は神保隊が戦功をあげて引き上げるのを見た瞬間、激しい嫉妬心にかられたため、味方と知りながらわざと釣瓶《つるべ》撃《う》ちにしたという。にわかには信じがたいが、もし事実とすれば相当ひどい話である。なお、この件について徳川は政宗を咎めていない。政宗が何をやらかそうとも、徳川は大目に見たのである。

徳川の元和軍役令

しかし道明寺合戦の翌日となる五月七日、徳川家康は最後の危難に遭う。大坂夏の陣本戦にて、真田隊が徳川の旗本を狙って突撃したのである。

伊達軍にかぎらず、徳川方大名の戦意は低かったようだ。その証左が真田隊に対する備えの脆弱さである。家康の旗本は手薄であったらしく、毛利・真田の攻撃を受けた。

五月七日に御所様の御陣へ、真田左衛門仕掛り候て、御陣衆追ひ散らし討ち捕り申し候。御陣衆三里ほどづつ逃げ候衆は、皆生き残られ候。三度目に真田も討死にて候。真田日本一の兵、いにしへよりの物語にもこれ無き由、惣別これのみ申す事に候。

《訳》

五月七日、徳川家康さまの御陣に真田左衛門佐が（攻撃を）仕掛け、御陣衆を追い散らし、討ち捕る活躍をみせました。御陣衆で各地へと三里ほどずつ逃げた者は全員助かりました。真田は三度目の攻撃で討ち死にしました。真田は日本一の兵で、古い物語でも前例がなく、これは特別に語り伝えるべきできごとでした。

（『薩摩旧記』後集三二・部分）

ここに徳川軍の本陣は歴史的不名誉を被った。家康の子で現職の将軍だった秀忠の旗本も豊臣軍の襲撃を受け、自ら鑓を取るほどまで追い詰められた。

だが豊臣方の奮戦も虚しく、兵力で優る徳川方に各個撃破され、ついには大坂落城に至り、完全なる滅亡を迎えることとなった。

この時、伊達軍が何をしていたのか不明である。前日の戦闘で追撃の要請を断った時、弾が尽きたことを理由にしたほどだから、この時も補給が間に合わず、ほとんど活躍の場を得られなかったのだろう。鉄炮ばかりの編成は、弾が尽きれば無用の長物となり、総大将（家康・秀忠）の楯代わりにもならない。

豊臣が滅亡した翌元和二年（一六一六）六月、徳川幕府は元和軍役令を下したが、その一因に政宗の布陣があると考えられる。大名が勝手に極端な編成をすることで、再びこのような事態に陥っては困るからである。

元和軍役令の背景

徳川幕府が発した軍役令や参勤交代の制度化は、通説では諸大名の統制と消耗にあるとされている。だが、実際には五段隊形を型通りに組ませることを目的にしていると見るべきだろう。もし抑圧と統制が狙いなら、武装の充実よりも華美な儀仗《ぎじょう》（儀式用の武装）を強制するべきである。鉄炮の軍役などは不用で、むしろ武装しない人数を見た目だけ立派に揃えさせるのが望ましい。たとえば織田信長が天覧にかけた軍事パレード「御馬揃《おうまぞろえ》」は儀仗用の形式が守られている。弓や騎馬が並べられても、実用の武器として重要な鉄炮は配備されていなかった（『信長公記』）。武装とその数を細かく指定する元和軍役令は、儀仗よりも兵仗（実用の武装）を求めていたと見るべきである。

発令の背景に、大坂の陣における諸大名軍の不甲斐なさが考えられる。もし大名すべての部隊が強度の計りやすい五段隊形で構成されていれば、家康・秀忠の旗本が脅かされる事態は防げたかもしれない。少なくとも歴戦の勇将である伊達政宗の軍勢が「弾切れ」で脇に置かれるような、戦力の無駄は回避できたはずである。大名諸隊の構成が明瞭であれば、徳川軍の戦略の幅も広がっただろう。

それゆえ徳川幕府は隊形をバランスよくなさしめるべく、五つの兵種（鉄炮・弓・鑓・旗・馬上）の割合を明確に定めたのである。

なお、元和軍役令が全国一律に出されたか天領のみに出されたか、あるいは試案だったか明らかではないが、その後も寛永一〇年（一六三三）の「軍役人数割」など徳川幕府の軍役が更新され続け、全国的に影響を及ぼしているところを見ると、少なくとも元和年間に諸大名の軍役基準となったことは事実として認められる。

徳川時代は今でこそ戦争のない天下泰平の時代だったといわれるが、創成期にはまたいつどこで大きな戦争が勃発するか不明だった。次の見えざる戦争を想定すると、諸大名を骨抜きにするよりもその軍事力を明確化することのほうが重要だった。

大坂落城後も辺境では軍事的緊張が続いていた。薩摩・島津は琉球と、奥州ではアイヌとの軍事抗争があり、諸藩は軍学者を招聘《しょうへい》し、馬上の者を揃え、鉄炮・弓・鑓・馬上・旗の組み合わせからなる軍役組織を運用した。

武家の棟梁となった徳川幕府は、律令制時代の轍を踏むつもりなどなかった。治にあって乱を忘れず。そのためにも大名たちの軍事力を保持する必要があった。

豊臣家は乱世を終わらせたが、戦争への備えに怠りがあったため、多くの人々を戦禍に巻き込んで滅びた。次なる平和の創始者は、秩序と平和を厳しく守り通す必要があった。それゆえ徳川幕府は有事に備えて軍役を厳しく課したのである。

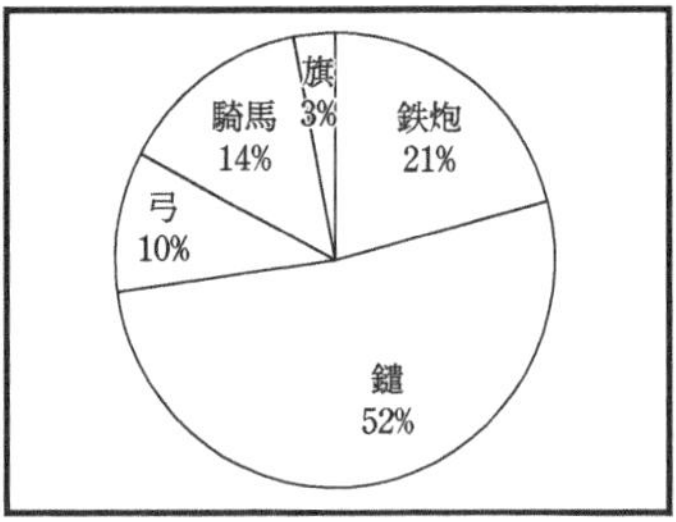

元和軍役令１万石分の割り当て

終　章　繰り返される推演としての陣形

徳川時代によみがえる武田流「八陣」

これまで見てきたように「八陣」をはじめとする定型の陣形は、武田信玄が作ったものだが、塩田原や川中島で村上義清と上杉謙信の猛進を阻むことができず、その後にも実用された形跡がない。理論は単なる理論として、現場での有効性を失ったのだろう。その代わりに現れたのが兵種ごとに兵を集め、これを自由に並び替える五段隊形だった。これは上杉氏より始まり、武田氏・北条氏を中心に採用され、やがて全国規模に広がった。その後、武田氏が滅びるにあたり、「八陣」の存在は『甲陽軍鑑』のテキストと、武田氏遺臣の記憶にのみ伝え残されるものとなった。

秀吉の時代から元和《げんな》偃武《えんぶ》にいたるまでの合戦記録を見渡した限りでは、信玄の「八陣」を継承した大名家はなく、朝鮮出兵の史料でも実用されたようすが見えない。換言すれば、定型の陣形を実用したのは、武田信玄ただ一人だったのである。

戦争が日常だった時代に使われなかった定型の陣形だが、不思議なことに天下泰平の徳川時代になると、机上にて復活を見ることとなる。近世の軍学者たちが過去の時代を熱心に研究するうち、再発見し、そして戦国時代に多用されていたとする思い込みが広まり、その所産として次のごとき軍記物の記述を創ってしまうのである。

此度《こたび》の敵魚鱗の陣をとらば、味方は彎月《わんげつ》の陣をはるべし、方円《ほうえん》をとらば、此方よりは雁行をとるべし、鶴翼をとらば、長蛇をとるべし、鋒箭《ほうせん》をとらば衡軛《こうやく》を取《とる》べし、軍法の義《儀》は、兼々《かねがね》ならし《習》をか《置》るゝといへども、今弥《いよいよ》念を入、今日は軍の議定《さだめ》を被成《なされ》、

(『大友興廃記』巻一二)

杉谷宗重の『大友興廃記』は寛永一二年(一六三五)の自序があるが、そのころには『甲陽軍鑑』も一定の浸透を見ていたらしい。

ところで右の記述には陣形と陣形の相性が示唆されている。すなわち魚鱗には彎月の陣が強く、方円には雁行が強く、鶴翼には長蛇が強く、鋒箭(鋒矢)には衡軛が強いといった角逐の関係である。

実際にこのような相性などあるはずもないが、近世の軍学者にすれば面白い記述で、イメージをふくらませる格好の材料になっただろう。現代でも右のごとき相性説に基づく歴史ゲームが少なくない。後世の人々の想像力を刺激する軍記物の記述が、さして実用もされなかった陣形への関心を強め、軍学者の記す兵法書に大きな影響を与えていったのである。

およそこのようなプロセスにより、信玄ひとりが試用した「八陣」が当時一般的に使われた陣形であるかのように誤解されていったのである。

推演される八陣

陣形は武田信玄によって初めて定型の体裁を得た。このとき信玄は勘介とともに、張良・諸葛亮・李善が唱えた八陣を強引に組み合わせた。

ところで中国における八陣は、元来どのようなものだったのだろうか。

その起源を遡ってみると、太古に黄帝の臣下・風后《ふうこう》が『握奇経《あくききょう》』に伝えた八陣が始まりとされている。しかしあくまで伝説のみであり、その実態は文献の形で伝わっていない。

後世の軍学者たちはその形状を明らかにしようと考察を進めた。

八世紀の李筌《りせん》による『太白陰経《たいはくいんけい》』や一一世紀の『武経総要《ぶけいそうよう》』、一七世紀の『武備志《ぶびし》』などが「八陣とはなにか」を追求し、独自の解答を打ち出してはいるものの、いずれも定説の地位を獲得するにはいたっていない。そして諸葛亮も太古の八陣を研究していたことが、正史『三国志』に記述されている。

亮《諸葛》性長於巧思、損益連弩、木牛流馬、皆出其意、推演兵法、作八陣図、咸得其要云、

（『三国志』巻之三五「蜀書五・諸葛亮伝」）

《訳》

諸葛亮の性は巧を思うにおいて長じ、［中略］兵法を「推演」して八陣図を作り、咸《みな》その要を得たと云う。

　諸葛亮は八陣の兵法を推演——想像で再現して実演——に及んだという。つまり伝説の陣形をシミュレーションしたのである。

　ただし諸葛亮が八陣をどのように再現したかは不明である。以降、諸葛亮の名が高まるとともに、人々は風后ではなく諸葛亮の八陣とはなにかを論じはじめていく。

　宋の元豊三年（一〇八〇）に『李衛公問対《りえいこうもんたい》』が書かれた当時、諸葛亮の八陣が「天・地・風・雲・飛龍・翔鳥・虎翼・蛇蟠」の八つだとする説が流布していたが、李靖は「これは秘伝の兵法を秘匿したい者たちによるミスリード」だと批判して、実際の八陣は正方形の布陣であると主張した。だがこの見解もどこまで信用できるのか不明であり、今となっては真偽をたしかめることができない。

　このように実態が定かでない八陣は、名前ばかりが喧伝され、日本でも解釈の統一を見なかった。そこへ信玄と勘介が実用的な形状へと結び付け、あたかもそれが元祖や本家であるかのようにして、仕立て直したのである。

こうして見ると、陣形の起源は何もないからっぽの伝説にあるのだった。そして諸葛亮が推演した神話の八陣の実態は世から忘れられ、日本では山本勘介が諸葛亮の八陣を復元してすぐに有効性を失い、徳川時代には軍学者たちが武田の八陣を思い出して、戦国時代に頻用されたかのように語ったが、これもほどなく机上の空論として顧みられなくなり、そしてまた現代になってこうした文献を参考として戦国の陣形が、それらしく語られるようになってしまったのである。

そもそも「陣形を使えば強い軍隊になる」わけでもなかった。村上義清と上杉謙信が信玄の陣形を強引に押し破るため、旗・鉄炮・弓・鑓・騎馬からなる兵種別編成の諸隊で結合する五段の隊形を編み出し、これをもって理論的な陣形がハッタリにすぎないことを証明してしまったのである。

現代にもよみがえる武田八陣

信玄の「八陣」以外にも多くの創作陣形が生み出された。その典型が序章で紹介した小《お》笠原《がさわら》昨雲《さくうん》による『侍用集《じようしゆう》』における陣形図である。これらは「八陣」の名称を流用しながら、旗・鉄炮・弓・鑓・騎馬の五段隊形の変形した布陣図を無数に記している。

だがそれも徳川時代前期に語られただけで、幕末にはほとんど忘れられていた。その証跡が、明治から昭和にかけての文献を網羅する「国立国会図書館デジタルコレクション」である。ここに「八陣」のキーワードを検索して現れてくる現代の刊行物は、武田流や小笠原流の陣形図を紹介していない。鶴翼や魚鱗や衡軛などではなく、中国の兵法に伝わる正方形の陣形しかひっかからないのである。

武田の八陣が一般に浸透したのは、おそらく戦後のことだろう。たとえば明治の戯作者・総生寛《ふさおかん》はその編著『武経』において、「陣法」の形に、「曲」「直」「鋭」「縦」「横」の五種類、あるいは「八字」「丁字」「十字」「大字」「天字」「山字」「木字」「六字」の八種類があったことを記しているが、今日ではメジャーとなっている鶴翼や魚鱗の陣形には一切触れていない。武田式や小笠原式の陣形は近代初期には浸透していなかったのである。

幕末に実際の戦争を経験した人々にすれば、軍学書にある陣形など机上の空論にしか見えず、語り継ぐ必要を感じなかったのだろう。

つまり定型の八陣は戦国時代では信玄がほんの一時期、試用しただけで、それが『甲陽軍鑑』に記されたことにより徳川初期に軍学者の気を引いたものの、後期には忘れられてしまったのである。

そしてそれがまた現代ではさまざまな娯楽媒体を通し、「戦国八陣」と称され、あたかも戦国時代に頻用されていたとの印象が浸透している。しかも同様の理解は国外にまで拡散されているらしく、海外のウェブサイトで戦国八陣に言及する記事を散見する。

死せる諸葛亮は生ける司馬懿《しばい》を奔らせたが、それだけに終わらなかった。その後も孔明の「八陣」は東アジアの兵学者たちを惑わせ続けたのである。さらにわが国では勘介の詐術が加わり、徳川時代の軍学者たちが「武田八陣」を信じてしまった。そして昨今でも正体不明の思い込みによって「戦国八陣」が史実とされるようになった。一七〇〇年以上も人々を論争に向かわせる孔明の罠はまこと深遠といえるだろう。

おわりに

存在しなかった定型の陣形

かつて疑問に思ったことがある。城郭研究は多年の蓄積があるのに対し、陣形や戦術については研究が停滞してしまったのはなぜかという問題である。

この答えは徳川時代の終焉に求められるだろう。永らく隆盛を極めていた軍学者たちによる理論はパクス・トクガワーナともいわれる長期的平和により、実用と検証の機会がなくなり、机上で転がされる空論と化してしまった。このため幕末の騒乱では現実と齟齬をきたすに至り、西洋のリアルな軍事学に取って代わられてしまったのである。

明治維新後、古来の軍学は顧みられなくなり、文献や口承で伝えられていた陣形もまったく理解されなくなってしまう。そこへ「翼包囲陣」「縦陣」など西洋の概念で過去の戦いを読み進める気運が高じて、大きなねじれを生じた。さらには第二次世界大戦の敗戦による、歴史学と軍事学の分断があり、中近世軍事史は停滞を見た。そのなかで城郭研究は熱度を保ち、遺構研究のような形で継続されたが、陣形や戦術などの研究は断絶してしまったのだ。

兵種別の五段隊形

現在に周知されているような形での鶴翼や魚鱗などの陣形は、中世から戦国時代において定着を見なかった。その代わり兵種別の諸隊を結合させる陣形として「五段隊形」が登場する。これは定型の陣形を組み立てるためではなく、単純素朴に部隊同士の戦闘で、眼前の勝利を得ることを目的に編み出された。

編み出したのは村上義清だった。義清はこの隊形をその場限りで編成し、強大な武田軍相手にいくばくかの戦果をあげた。ついで上杉謙信がこれを継承し、行軍からそのまま戦闘に移行する軍列として「五段隊形」を常用した。武田氏と北条氏はこれに対抗するため、上杉式の隊形を導入し、さらなる発展を見せた。やがて豊臣時代には日本全土へと広がり、海外との接触で異国にまで伝わった。

異国での豊臣軍の陸戦における強さは高く評価されている。熊本城を攻めた西郷隆盛が「これは加藤清正と戦争しているようなものだ」とうめいた話は有名だが、文禄・慶長の役で中国(明)・朝鮮の軍隊は、謙信や信玄が育てた軍隊と戦わされていたのである。

戦国後期から実在した陣形とは、いわゆる「八陣」や「何々の陣」といった厳《いか》めしいものではなく、兵種別の諸隊を一部隊に組み合わせる隊形の配置であった。

兵種別編成によって組まれた旗隊・弓隊・鉄炮隊・長柄隊・騎兵隊を、それぞれ配置を入れ替えたり、あらかじめ左右に広げて幅をもたせたりするための「五段隊形」が陣形の基本であった。応用として、鶴翼や魚鱗の概念が組み合わされるケースがあったかもしれないが、定型を設ける大名家はなかったようである。「五段隊形」をどのように配置するかは、その場の状況と地形によって決められたのだろう。

世界的に見られる兵種別の布陣

なお、朝鮮ではこの隊形を模倣する動きが生じた。律令制時代とは逆に、東アジアの軍制に日本の軍制が影響を与えたのである。ちなみに一五九六年のオスマン帝国軍を描いた布陣図（書かれた年は不明）を見ると、「五段隊形」によく似た陣形が描かれている。また、一七世紀ごろからは欧州で「戦列歩兵」なる隊列が実用されはじめる。いささか時代を相違して、類似する布陣が世界的に取り入れられていくさまを眺めていると日本の戦国武将たちが先鞭をつけたかのようにも見えて興味深く思う。これら新たな密集隊形がどうしてこの時期に世界に生じていったのか、今後の検討課題としておきたい。

兵法の真髄は空っぽだった

徳川時代に平和が訪れると、理論的な軍学が発達する。しかしもはや国内に本格的な会戦がないことから、実験としての試用にいたらず、机上の議論を越えることができなかった。そもそもかれら軍学者が考える「何々の陣」は、実際にはほとんど使われなかった武田八陣の再演であった。しかも当の武田が八陣を作るにあたり、参考とした諸葛亮の八陣からして神話時代の「兵法推演」で、形状も実態もわからないまま言葉ばかりが先行する概念でしかなかった。

原型がないものを再現する試みが近代までの兵法であり、その真髄は空虚、まさに真空だったと言えよう。近世日本の軍学が虚しい印象を強くするのもこのためである。

そこへ西洋式の軍事学が合わさり、さらには敗戦による軍事研究への不審が加わって、日本の中世軍事史は混沌に包まれることになったのである。

本書が中世軍事史の研究にいささかなりとも資することになれば幸いです。最後になりましたが私の研究に関心をもち、執筆の機会と意欲を与えてくれた作家の伊東潤氏、講談社の丸山勝也氏に心よりお礼申し上げます。

【おもな参考文献】

書籍タイトルは『』で、論文は「」で括っている。

一八九二　神谷道一『関原合戦図志』（小林新兵衛）
一八九三　参謀本部編『日本戦史　関原役』（元真社）
一九〇二　参謀本部編『日本戦史　三方原役』（元真社）
一九一七　布施秀治『上杉謙信伝』（謙信文庫）
一九二九「鉄砲の伝来と普及」（朝日新聞社編『開国文化』）
一九四二　佐藤堅司『日本武学史』（大東書館）
一九四二　宿利重一『児玉源太郎』（国際日本協会）
一九四三　吉沢義則『室町文学史』（東京堂）
一九六二　稲垣史生『戦国武家事典』（青蛙房）
一九六七・六八　石岡久夫編『日本兵法全集』（人物往来社）
一九七一　田中佩刀「「八陣」と「八陣の庭」」（『明治大学農学部研究報告』二七号）
一九七三　金子国吉「軍記物語と剣技について」（『体育研究所紀要』一三号）
一九七七　磯貝正義『定本武田信玄』（新人物往来社）
一九八〇　野田嶺志『防人と衛士』（教育社歴史新書）
一九八二　二木謙一『関ケ原合戦』（中公新書）
一九八六『国史大辞典・七』（吉川弘文館）
一九八七　下向井龍彦「日本律令軍制の基本構造」（広島史学研究会『史学研究』一七五号）
一九八八　下村効・山中としい「悴者考――「結城氏新法度」をめぐって――」（『国学院雑誌』八九号）
一九九〇　小和田哲男『軍師・参謀』（中公新書）
一九九〇　高木昭作『日本近世国家史の研究』（岩波書店）
一九九四　谷口眞子「近世軍隊の内部組織と軍法」（『民衆史研究』四七）
一九九五　高鷲江美「戦国・織豊・徳川初期の軍法」（『栃木史学』九）
一九九六　富永一登「李善伝記考」（『広島大学文学部紀要』五六号）
一九九六　中村明蔵「隼人二国の公民移配地と官道について　律令国家の辺境支配に関連して」（『季刊社会学部論集』一五）
一九九八　森公章『「白村江」以後』（講談社選書メチエ）
一九九九　湯浅邦弘「『李衛公問対』の兵学思想」（『大阪大学文学部紀要』三九号）
二〇〇〇　石井由紀夫「『大塔物語』雑考」（北海道教育大学語学文学会『語学文学』三八号）
二〇〇〇　根岸茂夫『近世武家社会の形成と構造』（吉川弘文館）
二〇〇〇　湯浅邦弘「『太白陰経』の兵学思想」（『大阪大学大学院文学研究科紀要』四〇号）
二〇〇一　カール・F・フライデー「騎射の歩みの一考察――中世日本に於ける国家と文化と技術」（『東京大学史料編纂所研究紀要』一一号）
二〇〇一　古川哲史（監修）、羽賀久人・魚住孝至（校注）『戦国武士の心得――『軍法侍用集』の研究』（ぺりかん社）
二〇〇一　湯浅邦弘「『虎鈐経』の兵学思想」（『大阪大学大学院文学研究科紀要』四一号）
二〇〇四　笠井和広「律令制成立期の武器と武術」（『神奈川大学国際経営論集』二七号）
二〇〇六　宇田川武久『真説　鉄砲伝来』（平凡社新書）
二〇〇六　小和田哲男『甲陽軍鑑入門』（角川文庫）
二〇〇六　高橋典幸・保谷徹・山田邦明・一ノ瀬俊也『日本軍事史』（吉川弘文館）
二〇〇七　池享・矢田俊文編『増補改訂版　上杉氏年表』（高志書院）
二〇〇八　赤羽根大介校訂・赤羽根龍夫解説『上泉信綱伝・新陰流軍学『訓閲集』』（スキージャーナル社）

二〇〇八　小和田哲男『戦国の合戦』（学研パブリッシング）
二〇〇八　桐野作人「検証・武田騎馬軍団不在説」（学研『歴史群像アーカイブスVol.6　戦国合戦入門』）
二〇〇八　柴辻俊六編『新編　武田信玄のすべて』（新人物往来社）
二〇〇八　寺内浩「軍団兵士制の廃止理由について」（『愛媛大学法文学部論集・人文学科編』二五号）
二〇〇九　片岡徹也編『軍事の事典』（東京堂出版）
二〇〇九　歴史群像編集部編『【全国版】戦国時代人物事典』（学研パブリッシング）
二〇一〇　大石学・時代考証学会編『時代考証学ことはじめ』（東京堂出版）
二〇一〇　久芳崇『東アジアの兵器革命』（吉川弘文館）
二〇一〇　武田氏研究会編『武田氏年表』（高志書院）
二〇一〇　竹村雅夫『上杉謙信・景勝と家中の武装』（宮帯出版社）
二〇一〇　則竹雄一「戦国大名武田氏の軍役定書・軍法と軍隊構成」（『獨協中学・高等学校研究紀要』二四号）
二〇一一　今谷明『象徴天皇の源流』（新人物往来社）
二〇一二　多ケ谷有子「わが国平安朝期における350年に及ぶ死刑停止の史実と意味——『保元物語』と『古事談』を中心に——」（『関東学院大学文学部紀要』一二五号）
二〇一二　張捷「山鹿素行の『孫子諺義』について」（『北海道大学大学院文学研究科研究論集』一二号）
二〇一二　西股総生『戦国の軍隊』（学研パブリッシング）
二〇一三　五十嵐基善「律令制下における軍隊編成に関する基礎的考察」（『日本古代学』第五号）
二〇一三　海老沼真治編集／山梨県立博物館監修『「山本菅助」の実像を探る』（戎光祥出版）
二〇一三　則竹雄一「着到史料からみた戦国大名軍隊」（『歴史評論』七五五号）
二〇一四　黒田基樹『戦国大名』（平凡社新書）
二〇一四　白峰旬『関ヶ原合戦の真実』（宮帯出版社）
二〇一四　平山優『検証長篠合戦』（吉川弘文館）
二〇一四　渡邊大門『人身売買・奴隷・拉致の日本史』（柏書房）
二〇一五　黒田日出男『「甲陽軍鑑」の史料論』（校倉書房）
二〇一五　鈴木眞哉『「戦闘報告書」が語る日本中世の戦場』（洋泉社）
二〇一五　西股総生『東国武将たちの戦国史』（河出書房新社）
二〇一五　日本史史料研究会編『秀吉研究の最前線』（洋泉社歴史新書y）
二〇一五　藤本正行『再検証長篠の戦い』（洋泉社）
二〇一五　渡邊大門編『真実の戦国時代』（柏書房）

講談社現代新書　2351

戦《せん》国《ごく》の陣《じん》形《けい》

二〇一六年一月二〇日第一刷発行　二〇二三年六月二三日第六刷発行

著　者　乃《ない》至《し》政《まさ》彦《ひこ》　©Masahiko Naishi 2016

発行者　鈴木章一

発行所　株式会社講談社
東京都文京区音羽二丁目一二―二一　郵便番号一一二―八〇〇一
電　話　〇三―五三九五―三五二一　編集（現代新書）
〇三―五三九五―四四一五　販売
〇三―五三九五―三六一五　業務

装幀者　中島英樹

印刷所　株式会社KPSプロダクツ

製本所　株式会社KPSプロダクツ

定価はカバーに表示してあります　Printed in Japan

N.D.C.210　204p　18cm
ISBN978-4-06-288351-1

「講談社現代新書」の刊行にあたって

教養は万人が身をもって養い創造すべきものであって、一部の専門家の占有物として、ただ一方的に人々の手もとに配布され伝達されうるものではありません。

しかし、不幸にしてわが国の現状では、教養の重要な養いとなるべき書物は、ほとんど講壇からの天下りや単なる解説に終始し、知識技術を真剣に希求する青少年・学生・一般民衆の根本的な疑問や興味は、けっして十分に答えられ、解きほぐされ、手引きされることがありません。万人の内奥から発した真正の教養への芽ばえが、こうして放置され、むなしく滅びさる運命にゆだねられているのです。

このことは、中・高校だけで教育をおわる人々の成長をはばんでいるだけでなく、大学に進んだり、インテリと目されたりする人々の精神力の健康さえもむしばみ、わが国の文化の実質をまことに脆弱なものにしています。単なる博識以上の根強い思索力・判断力、および確かな技術にささえられた教養を必要とする日本の将来にとって、これは真剣に憂慮されなければならない事態であるといわなければなりません。

わたしたちの「講談社現代新書」は、この事態の克服を意図して計画されたものです。これによってわたしたちは、講壇からの天下りでもなく、単なる解説書でもない、もっぱら万人の魂に生ずる初発的かつ根本的な問題をとらえ、掘り起こし、手引きし、しかも最新の知識への展望を万人に確立させる書物を、新しく世の中に送り出したいと念願しています。

わたしたちは、創業以来民衆を対象とする啓蒙の仕事に専心してきた講談社にとって、これこそもっともふさわしい課題であり、伝統ある出版社としての義務でもあると考えているのです。

一九六四年四月　野間省一

日本語・日本文化

105 タテ社会の人間関係　中根千枝
293 日本人の意識構造――会田雄次
444 出雲神話――松前健
1193 漢字の字源――阿辻哲次
1200 外国語としての日本語――佐々木瑞枝
1239 武士道とエロス――氏家幹人
1262 「世間」とは何か――阿部謹也
1432 江戸の性風俗――氏家幹人
1448 日本人のしつけは衰退したか――広田照幸
1738 大人のための文章教室　清水義範
1943 なぜ日本人は学ばなくなったのか――齋藤孝
2006 「空気」と「世間」――鴻上尚史
2007 落語論――堀井憲一郎
2013 日本語という外国語　荒川洋平
2033 新編 日本語誤用・慣用小辞典　国広哲弥
2034 性的なことば――井上章一 斎藤光 澁谷知美 三橋順子 編
2067 日本料理の贅沢――神田裕行
2088 温泉をよむ――日本温泉文化研究会
2092 新書 沖縄読本――下川裕治 仲村清司 著・編
2127 ラーメンと愛国――速水健朗
2137 マンガの遺伝子――斎藤宣彦
2173 日本人のための日本語文法入門――原沢伊都夫
2200 漢字雑談――高島俊男
2233 ユーミンの罪――酒井順子
2304 アイヌ学入門――瀬川拓郎